栄《えい》花《が》の道《みち》

私の剣道人生

栄花英幸

中西出版

平成23年５月１日　審査会

地元の羊蹄山と尻別川

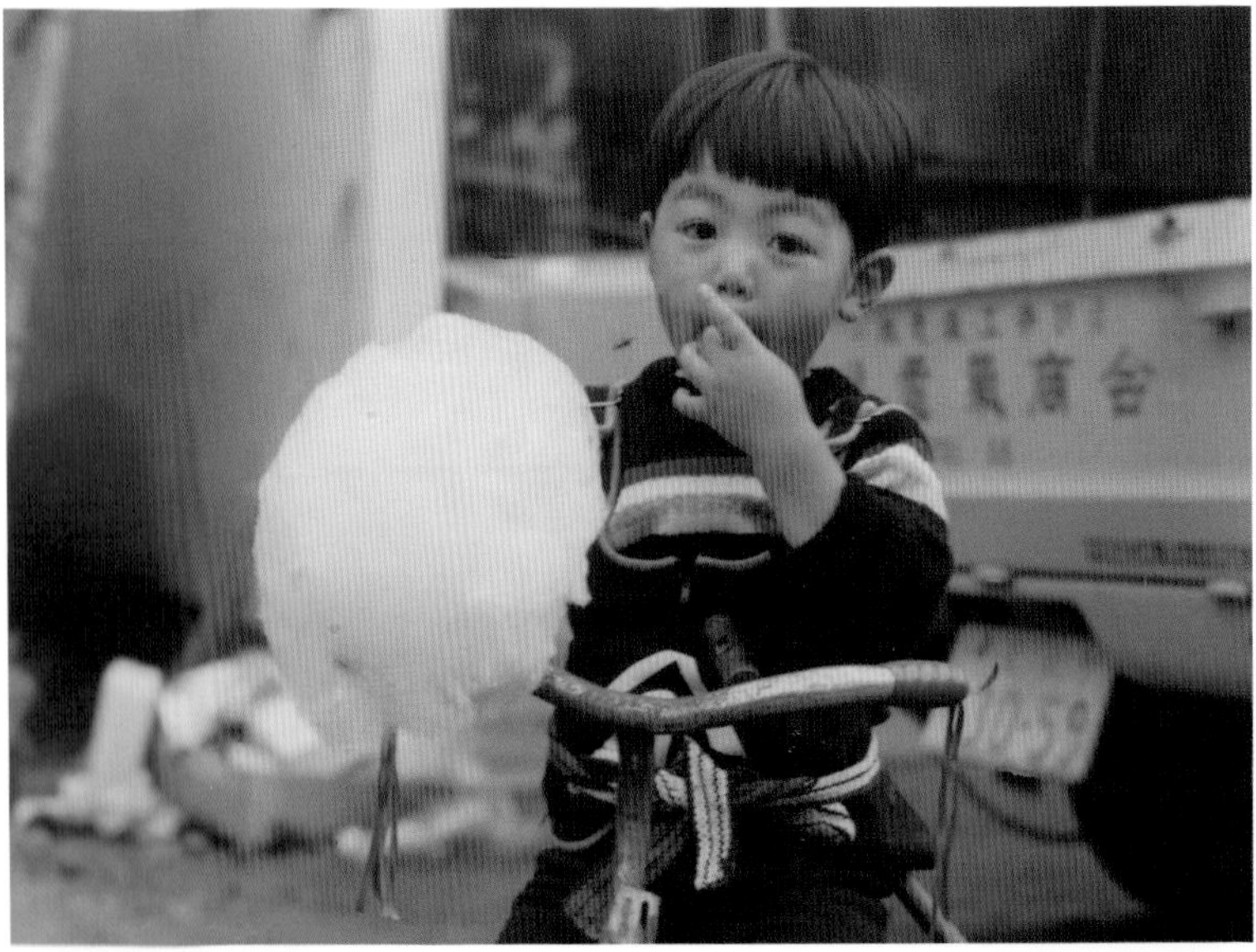

４歳頃（喜茂別町）

弟と中庭で

父と私

祖父と

左から母(洋子)・祖母(君江)・祖父(幸重)・本人(英幸)・弟(直輝)・父(幸輝)

第19回全日本選抜剣道八段優勝大会優勝。右 恩師（古川先生）

八段審査会（日本剣道形）

八段審査会（立会い）

八段審査会（立会い）

弟と喜茂別の道場へ

八段取得後の写真（右は弟）

左側が弟

発刊に寄せて

栄花英幸先生との初対面は一九七九年八月、第四回世界剣道選手権が開催された真駒内アイスアリーナの二階廊下でした。当時中学三年生の英幸先生は、アディダスのグリーンのジャージを着ており、一七七センチを超える堂々たる体格で九〇キロ以上の体重があったことを覚えています。彼に初めて声をかけたとき、その印象的な体格に「良い体格だね」とコメントしました。これは私が北海道に来てから三年目の夏の出来事でした。私自身も選手としてこの世界大会に出場していました。

その年の十二月、私は英幸先生の故郷である喜茂別町に挨拶と稽古のために訪れました。当時東海第四高校は無名でしたが、英幸先生の加入によって他の優秀な選手たちも引き寄せることができると考えました。入学後、日本一になるためには日本一の生活、稽古、トレーニングが必要だと考え、私は心を鬼にして指導しました。強化一期生としての彼らの三年間は想像を絶するほど大変だったと思います。その後、英幸先生は日本を代表する選手としてだけでなく、教育者としても立派に成長しました。

この本は、英幸先生の剣道人生と教育者としての旅路を通じて、剣道の深い教えと人生の教訓を伝えるものです。彼の経験が、剣道を学ぶすべての人々にとって、技術の向上だけでなく、人間としての成長を促す手引きとなることでしょう。

剣道範士　古川和男

目次

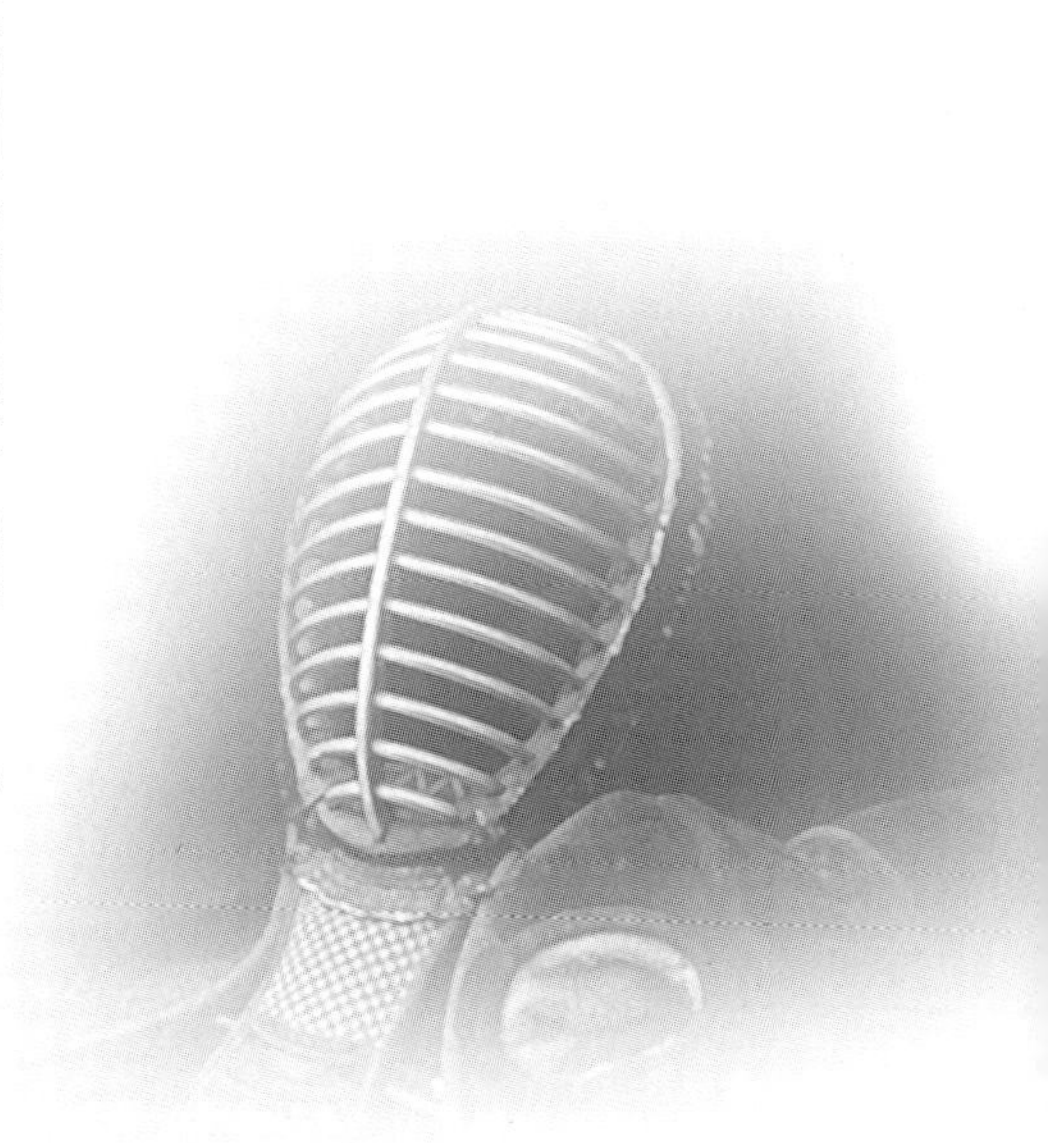

東海大四高校時代

東海大学時代

教員として

栄花ファミリー

剣道を通じて得た人生の教訓

子ども時代

喜茂別町と栄花家

昭和三十九年（一九六四年）七月十七日、私は北海道の小さな町、喜茂別町で生まれました。日本百名山の一つ、羊蹄山の麓に位置し、その豊かな自然の中で子ども時代を過ごしました。当時、喜茂別町には約七千人が住んでおり、活気に満ちた賑やかな町でした。その頃の町の風景は、今も心に深く刻み込まれています。

羊蹄山と喜茂別川

私の家は「栄花商店」という食料品店を営んでおり、父、幸輝は果物、お菓子、魚などさまざまな食品を地域の人たちに提供していました。

私は幼い頃から、市場での買い出しや魚の仕入れにしばしば同行しました。時には倶知安まで足を伸ばすこともあり、これらの経験は私にとって大きな冒険でした。

父は商才に長けており、私は子どもなが

らにその姿を見て感心し、また尊敬もしていました。

父は昭和十三年（一九三八年）、母・洋子は昭和十六年（一九四一年）生まれです。私が生まれたとき、祖父の幸重と祖母の君江も健在でしたが、祖父は九十歳で、祖母は六十代の若さで亡くなりました。

栄花家が北海道に足を踏み入れたのは、曾祖父・岸太の代からです。その北海道移住は、日本政府の開拓政策によるものでした。

明治二十四年（一八九一年）、政府は「北海道開拓法」を制定し、北海道の土地を開発し、入植者に貸し与える制度を確立しました。喜茂別町も、この政策によって開拓された町の一つで、仙台藩士の阿部嘉左衛門をはじめ、岩手県南部団体や山梨県からの入植者が移住してきました。

喜茂別町は北海道の中央部にあり、その地理的位置と豊かな自然環境が農業や林業の発展に適しており、特に「アスパラの町」として知られるようになりました。曾祖父も、四国からこの新天地に入植し、農業に従事。アスパラガス栽培の導入に協力しました。

喜茂別剣道連盟の誕生と発展

昭和二十七年（一九五二年）十月二十九日、喜茂別剣道同好会が誕生し、そのわずか数日後の十一月四日には喜茂別剣道連盟が結成されました。この新組織の立ち上げに際して、当時の町長であった菊地久治先生が中心的な役割を果たし、特に青少年の育成に力を入れて喜茂別の剣道界を牽引しました。

先輩たちは熱心に稽古を重ね、剣道の黄金時代期を築き上げました。

町の公民館を利用して、毎週火曜日、木曜日、土曜日に実施された練習は、青少年剣道の育成に大きく貢献。後志地区剣道大会から全道大会に至るまでの数々の優勝により、「名門喜茂別」としての地位を確立しました。

特に、昭和四十二年（一九六七年）に茨城県の水戸東武館で開催された「全国少年剣道錬成大会」での優勝や、昭和三十九年（一九六四年）と四十年（一九六五年）の全道高校剣道大会での優勝は、その実力を全国に示すものでした。

菊地町長は「少年剣道の町」としての貢献を惜しまなかったのですが、その一方で、日々の指導に尽力したのは、教士六段の栄花喜久男先生でした。

喜久男先生は戦前、軍人として満州に赴任し、敗戦後に喜茂別に引き揚げて高校教員として新生活を始めました。菊地町長が剣道の指導を喜久男先生に依頼したことが、町の剣道界における喜久男先生の功績を築き上げるきっかけとなりました。喜久男先生は剣道界における真の功労者として広く認知され、その名は剣道と密接に結びついています。

三歳で剣道の道に

私が剣道という日本の伝統的な武道に触れたのは、わずか三歳の時でした。我が家では生活の一部として剣道が深く根付いており、特に大きな影響を与えてくれたのは、尊敬する栄花喜

祖父と剣道をする私

久男先生です。喜久男先生は私の祖父の兄にあたり、剣道の達人であり、著名な指導者でもありました。

家族の中で剣道の道を選んだのは、父の妹である叔母・園子でした。叔母は当時独身で、私たちの家の二階に住んでおり、私はいつも叔母を「園ちゃん、園ちゃん」と、親しみを込めて呼んでいました。

叔母の部屋は、剣道で勝利を収めた数々の優勝カップで飾られた神秘的な空間でした。特に大きなカップは、小さな私にとって圧倒的な存在感を放っていました。そこには、叔母が剣道の試合で優勝したことを伝える新聞記事も飾られており、「叔母さんは本当に強いんだ！」という思いを強く抱きました。

このような背景が、私の剣道への興味を自然に育てました。栄花喜久男先生と才能ある剣士、叔母・園子の影響を受けて、私も道場に足を踏み入れ、剣道の道を歩むことになったのです。

ぜんちょうさん

三歳で剣道を始めた私は、小学生の頃に菊地先生が町長を務めているのを見てきました。昭和四十二年（一九六七年）に町長を退任した菊地先生は、喜茂別町の剣道連盟会長としての役割に専念しました。私たちは、元町長という立場から敬意を込めて「ぜんちょうさん」と呼んでいました。

「ぜんちょうさん」は慈愛に満ちた人物で、剣道の指導だけでなく、道場の清掃や生徒たちの世話も手厚く行ってくれました。特に乾布摩擦を好んで実践し、それを励行の一環として私たちにも行わせました。この厳しい訓練は、「ぜんちょうさん」の育成に対する真摯な姿勢を象徴していました。

「ぜんちょうさん」は私たちや道場にとって守護者のような存在で、その存在感は道場に柔らかさと安心感をもたらしました。「ぜんちょうさん」の息子さんも優れた剣道家で、剣道一家の伝統を見事に受け継いでいました。

剣道の指導には、近藤先生、菊地先生、山田先生、吉見先生など、役場職員が中心となって、毎日熱心に指導をしてくださいました。

喜茂別黄金期の先輩たちは剣道の強豪で、休みの際には帰郷して稽古に参加し、地域の剣道文化に深く根ざしていました。

夏休みの強化稽古では、先輩ＯＢたちが指導に当たりました。

喜茂別町では、多くの人々が剣道を愛し、地元で就職後も剣道の指導に携わることが一般的でした。この習慣は、町の発展とともに地域社会が剣道を通じて次世代を育てる文化の一部となっていました。

私自身もこの環境で育ち、地域の先輩たちから多くを学び、剣道の技を磨いていきました。

この時期には、道場の玄関の扉を外して開放し、稽古の厳しさを物語るように、水が満たされたバケツが一列に並べられていました。疲労でふらつく稽古生は、この玄関で膝をつき、剣道の面を外された後、頭から水を浴びせられます。その後、再び面を装着して稽古に戻るのです。この激しくも厳格な稽古の様式は、毎年恒例となっており、剣道への精神的、肉体的な耐性を養う重要な習慣でした。

最初の教え

剣道を始めたばかりの頃、最初に学んだのは技術ではなく、礼儀でした。道場に入る時は「ただいま参りました」と挨拶し、稽古を終える時は「ありがとうございました」と感謝の言葉を述べること。これらの挨拶が、私の剣道入門の最初の教えでした。その後、先輩たちの稽古を座って見学することと、道場の端で足運びの練習に取り組むことが、剣道の実践への第一歩となりました。しかし、技術の習得以上に、箒や雑巾を使った清掃、先生から渡される算数の宿題などの記憶がより鮮明に残っています。

箒の掃き方や雑巾の絞り方には、剣道の技術が反映されているように思えます。箒を使う動作は竹刀を返す技の動きに似ており、雑巾を絞る際の手の使い方は竹刀を握る方法と共通していました。当時は単なる日常作業と捉えていましたが、今になってみると、それらも剣道の訓練の一環だったと理解できます。

この経験から、剣道が単なる武術に留まらず、生活のあらゆる面で実践される精神を持つことを学びました。挨拶や掃除、学業など、すべてが剣道の教えに含まれており、日常生活に剣道の精神が息づいていることを実感し、その経験が剣道の深い理解につながりました。

剣道の修錬では、技術の習得だけでなく、熱意の持ち方が非常に重要です。特に、道場内では、先生方が特定の場所に立ち、そこへ向かうことで、それぞれの先生から稽古を受けることができました。特に、「ぜんちょうさん」のような先生からの指導は、剣道への情熱を深く感じさせるものでした。

後志管内で開催される多くの大会では、小学生から社会人までが競い合い、先輩や後輩と弁当を分かち合い、勝利を共に喜びました。これらの経験は、剣道を通じて地域社会との結びつきを深め、共に努力し、喜びを分かち合うことで、私たちの絆を強くしました。

今思い返すと、これらは温かな記憶であり、剣道が私の成長と地域との連帯感にどれほど貢献してきたかを感じます。

学業への取り組み

小学校時代、私の学業成績は平凡で、授業参観日でこのことに気づいた母は、私が授業にどのように参加しているかを学校で観察した後、学習支援の必要性を感じ取りました。

喜茂別には塾がなかったため、父は以前世話になった白鳥先生に私の勉強を見てもらうことにしました。

白鳥先生は身体に障害があり、座位での移動をされていましたが、家庭は剣道やスキーを楽しむ活動的な雰囲気に包まれていました。先生の奥様は幼稚園の教諭として働き、私には書道も教えてくださいました。

白鳥先生のもとで、全教科の勉強を続け、剣道の稽古にも励みました。この充実した毎日を通じて、学びの価値が徐々に私の心に根付いていき、数学の問題を解くことに喜びを見いだし、特に歴史では、一問一答形式の問題に夢中になりました。

小学校入学時

小学校と中学校で剣道がカリキュラムに含まれていなかったため、私は野球・陸上、スキーとクロスカントリースキーに力を入れていました。

学校には剣道部がありましたが、私の剣道への取り組みは主に喜茂別剣道連盟での活動において展開されていました。

剣道場で遊ぶ

喜茂別高校の敷地内にある剣道場は、私たちにとって隠れ家のような場所でした。その頃、剣道は日常生活の一部となっており、私たちは「ぜんちょうさん」を出し抜き、誰よりも早く剣道場に駆けつけました。

事務所で鍵を受け取り、重い扉を開けた瞬間、私たちは剣士から冒険者へと変身しました。小学生の頃から、この場所は遊びと冒険の舞台でした。剣道の稽古が始まる前に、私たちは心ゆくまでこの場所で遊んだものです。

もちろん、見つかれば叱られますが、そのスリルも私たちの楽しみの一つでした。見張り役を立て、「ぜんちょうさん」の姿が見えたら、私たちは慌てて元の場所に戻りました。

剣道場は稽古の場を超えた存在であり、友情や冒険が育まれる特別な場所でした。

プロレスごっこに熱中し、ビル・ロビンソンやジャイアント馬場、アントニオ猪木、ミル・マスカラス、ドス・カラス、ブッチャーなど、当時の人気プロレスラーたちを模倣し、役割を決めてはプロレスの真似事に興じました。私はビル・ロビンソンや覆面レスラーのミル・マスカラスが特に好きでした。

紐を窓から窓へと張り、ネット代わりにして風船バレーも楽しんだものです。また、窓下の隙間をゴールと定めてホッケー遊びを楽しんだこともあります。浅田飴の缶をビニールテープで固定し、竹刀を使ってプレーしました。竹刀を使った遊びは本来禁止されていましたが、私たちはそれでゴールを競いました。

「ぜんちょうさん」が到着すると、「ぜんちょうさんが来た！」という声と共に、私たちは散り散りになり、急いで「ぜんちょうさん」に挨拶を交わすのが日常でした。これらの遊びは、私の少年時代を彩る楽しい思い出です。

道場への途中にはプールがあり、剣道の稽古に影響するため許されていなかったにもかかわらず、隠れて行ったこともあります。しかし、唇が青ざめていることでプール行きがばれてしまいました。

時は流れましたが、今も喜茂別町は剣道の町としての伝統を守り続けています。新たな道場が建設され、私たちの世代の少し下の人たちが地元の役場などで働きながら、この伝統を継承しています。人口は減少していますが、剣道への情熱は今も変わりません。

剣道場は私にとって、青春の一ページを飾る、かけがえのない思い出の場所です。今でもその記憶は、私の心の中で温かく息づいています。

栄花家の人々

小学校五、六年生の時には、赤胴大会で北海道チャンピオンになるなど、私は早くも剣道で名を馳せ始めていました。剣道をたしなまなかった父も、私の成果を受け、喜茂別剣道連盟の理事として活動するほどでした。

中学まで、私は家族と喜茂別で暮らしましたが、家族全員が忙しく働いていたため、共に食事をする機会はあまりありませんでした。

父は商店を経営し、母も店の運営を手伝い、祖父母も時折手伝っていました。特に祖父はレジ担当で、私が小さかった頃は、時々祖父に店に連れて行ってもらい、商品であるお菓子を食べさせてもらった記憶があります。

うちの店は、小さな町喜茂別にとって欠かせない存在でした。

家族は皆、仕事に忙しく日々を送っていましたが、それでも家族間の絆は深く、家族としての結びつきは強固でした。

小学校三年生の時、私は両足に重度の火傷を負いました。その時は母方の祖母が頻繁に家を訪れ、面倒を見てくれました。夕張出身の祖母は、ジャガイモやカボチャが好きで、よくその塩煮や焼いた料理を作ってくれました。その料理は本当に美味しかったのです。

火傷の原因は、家庭内の事故でした。父が大工仕事をしている最中に、立てかけていた扉が倒れてストーブの煙突に当たり、熱湯が満たされたヤ

両親と弟

小学生で剣道部に打ち込んでいた頃

カンが転倒し、私の足に熱湯がかかってしまったのです。その傷跡が今も残っています。

火傷の治療を受けるため病院に行きましたが、病院での治療は、腫れた部分の皮を剥がし、軟膏を塗って包帯をするというものでした。しかし、この治療方法では翌日には包帯が皮膚にくっついてしまい、再び剥がす必要がありました。さらに、病院から皮膚の移植手術を提案されましたが、他の患者から、移植した皮膚が腐ってしまったという話を聞き、病院の治療を中断し、家での自然治癒に頼ることにしました。

父は私のために鉄製の柵を作り、その上に布団をかけて私が寝るスペースを作り、祖母がそのスペースに来て私の傷に向かって「治れ、治れ」と願いを込めて息を吹きかけてくれました。正に自然乾燥です。祖母の支えもあり、この自然の力による治療法で最終的に火傷は完治しました。

私は茨城県水戸市で開催される大会への出場を控えていましたが、この怪我のため参加できず、先輩の湯浅さんが代わりに出場しました。

町の人々が役場の前で「行ってらっしゃい」と見送る姿を、私はただ眺め、涙を流すことしかできませんでした。この挫折は、私にとって初めての大きな試練であり、その悔しさを今も覚えています。

家族経営の新たな挑戦

中学に進学する頃、父は食料品店があまりにも忙しかったため、一転して、製麺業に転身しました。木村製麺所を引き継ぎ、栄花製麺所として新たなスタートを切ったのです。

父は製麺の技術を習得し、その商才と決断力を活かして新しい事業に挑みました。私も製麺所で積極的に手伝い、特に袋詰め作業に携わりました。私たち家族はラーメンやそば、うどん、鍋焼きうどん、わんこそば、焼きそばなど、いろいろな麺の製造に励み、家族で力を合わせて働きました。製麺所では麺だけでなく、米や醤油、アスパラガスの缶詰も取り扱いました。

父は写真撮影を趣味に、製麺業と並行して写真の現像にも取り組むなど、多彩な才能を発揮しました。非常に器用な父は、自分で魚釣りの仕掛けを作るなど、さまざまな工夫を凝らしており、私も父が作る釣り針で仕掛けに連れて行ってもらったこともあり、その器用さにはいつも驚かされました。

父は細かい作業はすごく好きなのですが、私は短気だと思っています。例えば勉強をせずテレビを見過ぎていたり、遊び過ぎていたりすると、うるさい父でした。

父から怒られ叩かれた記憶はありませんが、礼儀や常識を重んずる厳格な面もあります。気に入らないことがあると、表情が変わり、青ざめた顔になります。そして拳を握り、拳骨を造るのです。青い顔をしていて拳骨なので、私たち家族は「青い山脈」と呼び、その表情になると緊張が走り、慎重に行動しました。

私の勉強部屋は二階にあり、トイレに行くために下に降り居間を通ると、ついテレビに見入ってしまいます。すると両親から「勉強をしなさい」と言われ、テレビを消されてしまいます。しかし、父は遊び心も持ち合わせており、学校の工作や遊びにも積極的に参加し、細かいところまで気を配り、手助けしてくれるという側面もありました。

仕事に取り組む父の姿勢も魅力的でした。私は父のそんな姿に尊敬の念を抱いており、今でも父が大好きです。母もまた素晴らしいパートナーであり、二人のコンビネーションに感銘を受けています。

それが、私の子ども時代の思い出です。

父の転身がもたらした家族の結束と、そこから学んだ多くの価値観は、私の成長に大きな影響を与えました。その後、東海大四高校（現東海大札幌高校）進学のため札幌に移り住むことになり、生活は大きく変わりましたが、喜茂別で過ごした子ども時代は私にとって、かけがいのない思い出として残っています。

選択と決断

小学生の頃から、後志管内の剣道界は非常に競争が激しく、喜茂別、京極、岩内は特に強豪として名高く、札幌や旭川も強力なライバルでした。特に喜茂別は団体戦を中心に、常に圧倒的な強さを誇っていました。

中学校に進学後、中体連の大会ではなく、赤胴大会と同時に開催される中学生の大会に出場しましたが、三位が最高成績で、目立った実績は残せませんでした。中学時代には大きな大会が限られており、道南大会や後志大会くらいしかなかったのです。

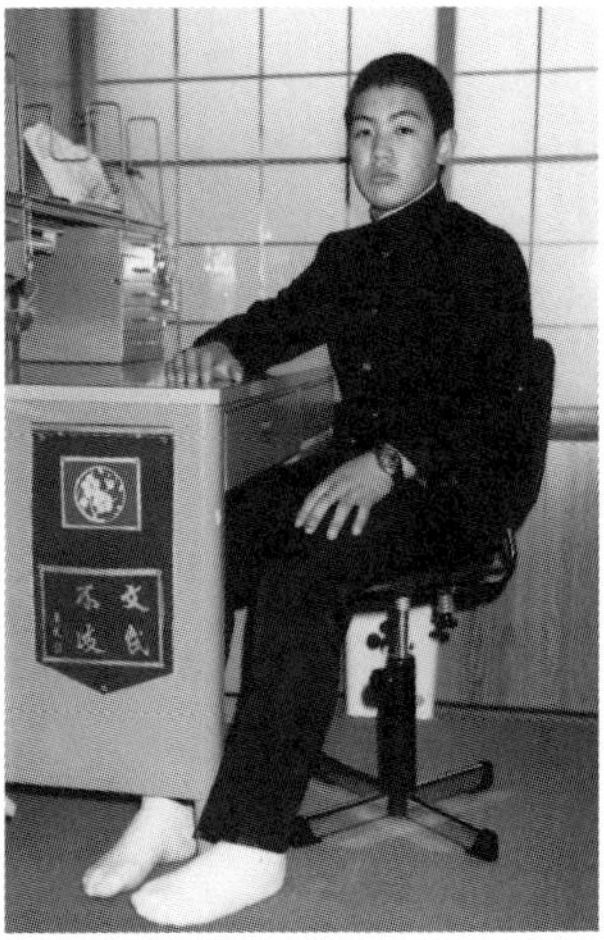

中学生時代

剣道だけでなく、陸上競技にも興味を持ち、校内の陸上競技大会で砲丸投げに挑戦し、三年連続で優勝しました。

全道大会に出場した際は、優勝を目指しましたが、初回の投擲成功後にファールが続き、四位に終わりました。この経験から砲丸投げへの取り組みを強化し、札幌第一高校から陸上競技のスカウトを受けるほどになりました。

剣道においても、札幌第一高校や東海大四高校、さらには全国的に有名な大阪のＰＬ学園関係者からオファーを受け、剣道と陸上で進路の選択肢が広がりました。

この重要な選択の時、私は栄花喜久男先生に相談し、「今、一生懸命頑張っている先生のもとに行きなさい」との助言を受け、北海道に残ることを決意。その結果、東海大四高への進学を選択しました。

この決断は、私の剣道人生における重要な転機となり、喜久男先生の言葉は今も私の心に深く響いています。

東海大四高校時代

写真提供：剣道日本

東海大四高への進学

中学生の頃、東海大四高剣道部の監督、古川和男先生に出会いました。古川先生は長崎県佐世保市出身で、剣道の腕前と成果で知られる東海大学体育学部武道学科を卒業後、剣道の指導者として東海大四高に着任しました。当時二十五歳の古川先生は、第四回世界選手権大会での個人戦準優勝や全日本剣道選手権大会準優勝、全国教職員大会での個人優勝など華々しい実績を持っており、その話題が新聞で取り上げられていました。

東海大四高剣道部がまだ実績を築いていなかったため、古川先生は部のレベルアップを目指して着任されたのです。後に先生から聞いた話では、「自分が結果を出さなければ人は集まらない」と

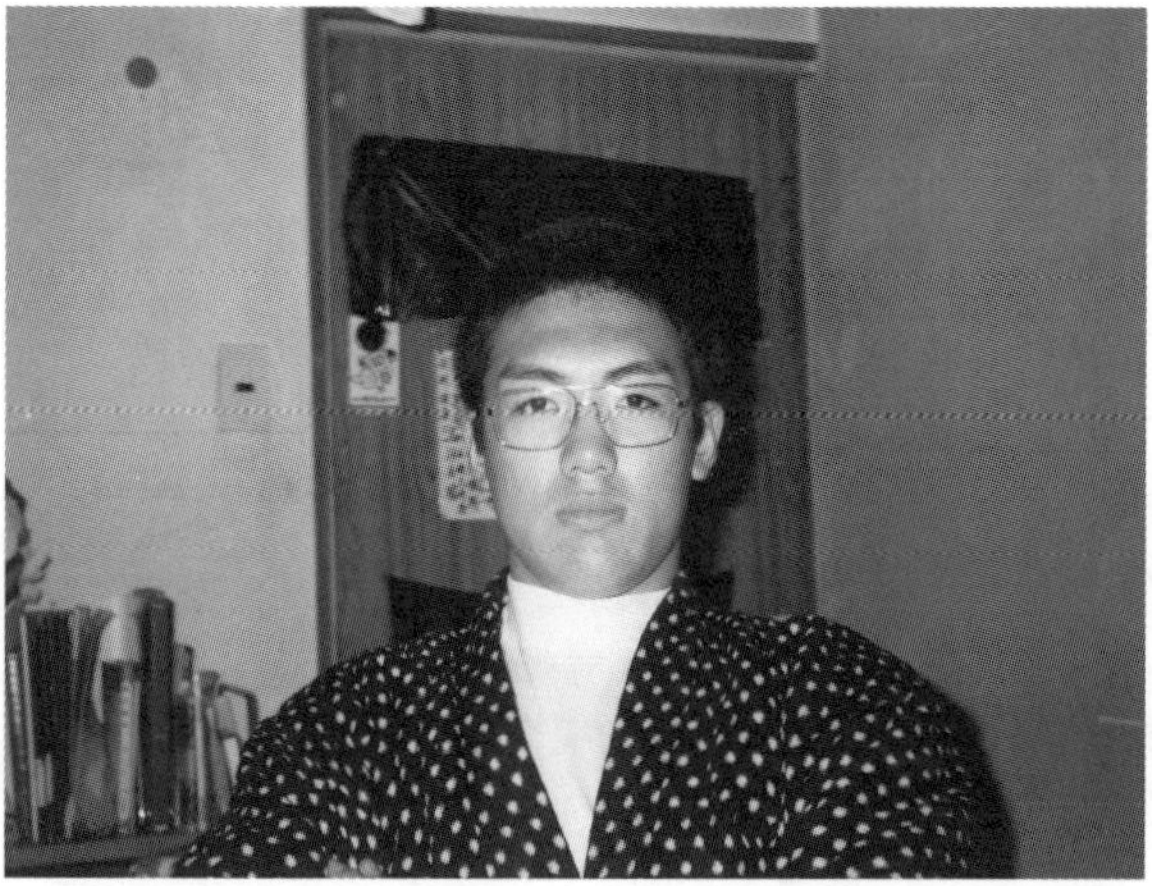

東海大四高入学の頃

いう信念のもと、熱心に稽古に取り組んでいたそうです。

古川先生が喜茂別を訪れた際、私はその稽古を受ける機会を得ました。私は、小学校、中学校を通じて負けた記憶がなく、高校生相手にも打ち勝っていました。しかし、古川先生との稽古では、一度も打ち込むことができませんでした。通常、上級の先生に対しても何度かは打ち込むことができたのに、古川先生には全く歯が立ちません。行けども、行けども交わされ、いとも簡単に小手や面をパンと打たれる。どうにもならない。自分はそこから前に進めなかったのです。先生の前では、どんなに努力しても届かず、簡単に技を決められる体験は大きなショックでした。「こんなに強い人がいるのか」と衝撃を覚えました。

古川先生は若くて、剣道の腕前を持って自らを語るタイプでした。その日は、東海大四高の柔道部を指導していた水落先生も同行していました。当時、古川先生は話術があまり得意ではなかったため、水落先生が同行したと聞いております。

稽古の後、父は古川先生と柔道部の水落先生を銀寿司に招きました。その席で、古川先生は東海大四高の魅力について熱く語り、その真摯な剣道への姿勢が私を深く惹きつけました。

「もし君が来るなら、他の有望選手にも声をかけるよ。一緒に頑張ろう」と先生は私に約束しました。

古川先生は既に素晴らしい実績を残している方で、私は憧れを抱いていました。しかし、剣道の実績がまだ少ない東海大四高に対しては、不安も感じていました。それでも、古川先生との稽古で一度も触れることができなかった悔しさが心に残り、「先生に勝ちたい。一本取りたい」という強い思いで、東海大四高への進学を決意しました。

弟は今でもよく、「あの時の兄ちゃんは、古川先生に何もできなかった。あんな兄ちゃんを見たのは初めてだった」と話します。

実は、最初の稽古で古川先生は、私に一切触れさせるつもりはなかったそうです。先生は私に悔しい思いをさせることで、東海大四高への進学を決意させたのです。

高校生活は、新たな挑戦が続く時期でした。これまでの無敗記録から、初めて経験する敗北や怪我に直面し、新たな課題へと変化しました。剣道でのこれらの経験は、単なる勝利を超えた自己成長の旅路となり、真の強さとは何かを学ぶ貴重な機会を提供してくれました。

この旅は、私の青春の重要な一部として、今でも私の心に生き続けています。剣道を通じて得た教訓は、勝利の積み重ね以上に重要なものであり、自己を磨き、より強くなる過程そのものでもあったのです。

厳しい指導の下での高校生活

高校入学は、私の剣道人生にとって大きな転機でした。東海大四高での訓練は、技術を磨き上げるとともに、身体を限界まで追い込む試練となりました。この期間は、私の剣道技術を一段引き上げるための重要な時期でした。

高校時代、私にとっての最初の大きな試練は怪我でした。東海大四高校に入るまでの剣道人生は順風満帆でしたが、厳しい訓練は私を肉体的限界まで追い込み、そして、この過酷な訓練が、技術の向上につながりました。

古川先生の厳しい指導の下で、私の高校生活は劇的に変わりました。中学時代の比較的穏やかだった稽古とは異なり、高校での訓練は非常に厳しいものでした。

高校入学前、古川先生の指導は非常に優しいものでした。疲れたら休むよう勧められ、「大丈夫か？」「休んでおけ、休んでおけ」。ちょっと痛がると「手痛いか？　足痛いか？　休んで、良くなってからでいいから無理しないで」と励まされ、とても優しい先生だと思っていました。

しかし、入学式が終わると古川先生の態度は一変。それまでは、休むことを勧めていた先生が、体の痛みを訴えると、「何をやっているんだ！」と怒るようになりました。

入学式の日から、先生は厳しい態度に変わり、猛烈な稽古が始まりました。安易に体の痛みを訴えることは許されなくなり、私は騙されたような気持ちになりましたが、古川先生は剣道部の強化を真剣に考えており、そのためには厳しい指導が必要だったのです。

新入生であったにも関わらず、私たちに対する慣らしの期間はほとんど設けられませんでした。ある程度の実力を持っていたため、なんとかついていくことができましたが、当時の環境は極めて厳しいものでした。

高校一年生の時、激しい稽古による怪我に苦しみました。足の皮が剥けるほどの過酷な稽古にもかかわらず、休むことは許されません。

腱鞘炎で指や腕が上がらなくなることもありました。治療のため、札幌の大通りにある治療院を訪れることになった時、古川先生は私に一〇円玉を一枚渡して、「何かあったら電話しろ」と言いました。その一〇円を携えて、東海大四高の山から大通りまで走って治療を受け、また走って学校に戻る日々を過ごしました。この一〇円玉がポケットにあると、まるで古川先生に監視されているかのようで、往復約一一キロを私はずっと走り続けたのです。怪我をしていても決められた時間内に戻らなければと走り続けました。というのも、古川先生は、私が治療院から学校へ戻る間、常に山の上で見守っていたからです。

後日、私の結婚式で先生が「たった一〇円を渡しただけで治療院に行かせたけれど、実はとても心配していた」と語った言葉は、先生の厳しさの中にも、生徒に対する深い愛情があったことを示しています。

共同生活で成長の日々

高校時代は、初め寮で過ごし、三年生になると古川先生が借りた家で共同生活を始めました。他の仲間たちとの共同生活では、料理や日常の雑事を通じて互いの絆を深めました。

私に割り当てられた役割の一つは、弁当作りでした。時には古川先生のために、クリーミーコロッケのようなものを作ろうと挑戦しましたが、市販の冷凍食品を上手に揚げるのは難しく、中身がトロッとこぼれ出す失敗もしばしばでした。古川先生の弁当箱には、失敗作は入れず、厳選されたおかずのみが入りました。

古川先生は料理上手で、下宿生はローテーションで料理を担当しました。早く帰宅した日は、先生からその日のメニューを指示されましたが、私は複雑な料理には苦手意識があり、度々母に電話してアドバイスを求めました。

先生は、日々の料理をこなすだけでなく、剣道の研究にも熱心で、朝のトレーニングも欠かしません。

そんな生活の中で、料理は私にとって剣道の厳しい訓練と同じく、毎日の新たな挑戦でした。成功することもあれば、失敗に直面することもありましたが、古川先生の指導は、剣道における厳しさと温かさを兼ね備えており、この時期の経験は後の私の剣道哲学の基礎となったのです。

怪我と向きあいながらの闘い

高校時代、部員はわずか二〇人程の小さな集まりでした。私たちの団体戦では、試合に出場できるのはわずか五人。それでも私たちは、強いチームへの憧れを胸に技術の底上げに励みました。

人数が少ないと、それだけでレベルが限られてしまうため、多くの人々と触れ合い、経験を積むことが成長には欠かせません。私たちのチームは小規模で、それが私たちの技術の限界を意味しているように感じました。世の中と同様に、いろいろな人に揉まれると経験となります。一人だけでやっていても成長しません。大所帯の所でたくさんの人と剣を交えると、心・知恵・技術が揉まれます。しかし、摩擦も生じます。でも、摩擦がなければ前には進みません。摩擦があるから進むのです。世の中はいろいろな障害がぶつかり合い、摩擦が起きて前に進む。摩擦というトラブルが多ければ多いほど、それに耐えていき、成長すると私は信じています。

新人時代は、度重なる怪我に苦しめられました。稽古に参加できず、「ファイト！ファイト！」と声援を送るしかない日々。そのたびに古川先生からは「お前はもう必要ない。喜茂別に帰れ」と厳しい言葉を浴びせられました。もし今そんなことを言うと問題になるでしょうが、当時は涙をこらえながらも、「ファイト！」の声援を送るしかありませんでした。

人は楽なほうを選ぼうとするものです。私には実績があるので、選手に選ばれます。そのため周りからは、私が怪我を理由にして逃げ、楽をしているように見えたのです。「また怪我か」。

今でいうイジメのようなものです。それに耐える日々でした。怪我の痛みに耐えながら、それを隠してでも練習を続け、勝利を掴むために闘い続けました。

過酷な練習の結果、私の足はひどく損傷しました。皮膚が剥け、赤く腫れ上がり、触れるだけで激痛が走りました。しかし、私はテーピングを巻き、痛みを抑えながらも練習を続けました。思うとおりに動けないけれど、手を抜くことはできない。その結果、徐々に私の身体は剣道の厳しい要求に適応し始め、足の皮膚は厚く丈夫になりました。

手の指には腱鞘炎が発症し、伸ばすことが困難になり、高校生にしてもうバネ指です。治療には電気と針治療を試みました。マイナスドライバーのようなものを刺して伸ばすので、とても痛かった記憶があります。しかし、痛みに耐えながらも練習を欠かすことはありませんでした。

もし誰かが私に全世界の富を提供し、代わりにタイムマシンであの苦労した時代に戻ることを求めたとしても、私は絶対に断るでしょう。

しかし、あの苦労が間違いなく私を作り上げました。ものすごく辛かった時代ですが、その経験から得た教訓や成長は、どんな金額でも交換できない貴重なものです。そのぐらい大きなものをいただきました。正にあの頃の試練が、私の人生の分岐点となったのです。

インターハイ北海道予選での挫折

高校生活を通じて、私は剣道に情熱を傾け、数多くの挑戦と貴重な教訓を経験しました。特に印象深いのは、高校二年生の時に参加したインターハイ北海道予選の出来事です。大将としてチームを率いる責任感を背負い、全力で挑んだ大会でしたが、結果は札幌第一高校に敗れてしまいました。

我々の目標は全国大会への出場であり、それを実現するためにはインターハイ予選を突破する必要がありました。しかし、強豪である札幌第一高校との決勝戦での敗北は、私たちにとって予想外の結果でした。

試合当日、チームのコンディションは決して悪くありませんでした。地方大会での連勝や、全国レベルのチームとの遠征戦で培った自信もありました。それだけに、敗北の衝撃は深く、大会会場の岩見沢市からの帰路のバス内は沈黙が支配していました。長い、長い時間でした。

勝利への確信があっただけに、この敗北は私たちの自尊心を大きく揺さぶりました。

しかし、この敗北が後の挑戦に向けた重要な糧となりました。この悔しさを乗り越えることで、私たちは次へのステップを踏み出す力を得ることができたのです。

全国玉竜旗高校剣道大会への挑戦

私たちには、九州の名門大会、玉竜旗高校剣道大会への挑戦という新たな可能性が残されていました。この大会は全国でも珍しい、ひとりが負けるまで何人でも対戦できるという抜き勝負方式です。当時は参加には推薦が必要でしたが、今ではどの学校も自由に参加できます。

私たちを推薦してくれたのは、高体連の専門部部長を務める大下勝市先生でした。大下先生は、私が幼い頃から敬愛する恩師であり、私の学びの道標となってくれました。大下先生はすでにこの世を去られましたが、喜茂別高校の校長として、そして剣道の師として、私たちに多大な影響を与えてくれました。

全道大会の決勝での敗北後、大下先生は私たちに九州で開催される玉竜旗高校剣道大会への参加を勧めました。

「九州の大会に行ってこい。玉竜旗大会に行ってこい」と大下先生が言ってくれたことで、急きょその大会への出場が決定。監督の古川先生から「インターハイには進めなかったが、玉竜旗大会には行けるぞ」という嬉しい報せを体育教官室の前で聞いた時の喜びは、今でも鮮明に覚えています。

全国の舞台への切符を手に入れた私たちは、猛特訓に打ち込みました。

九州の暑さに備え、夏場にもかかわらず道場の窓を閉め、ストーブを焚き、ウィンドブレーカーとサウナスーツを着て、何時間も汗を流しながら稽古を続けました。その過酷な訓練が、私たちにとって必要不可欠だと信じていたからです。

しかし、この過酷な訓練が原因で、私は脱水症状で倒れてしまいました。意識が朦朧とした中、「竹刀もってこい」と叫んだといいます。大柄な体を引きずられるようにして、五輪橋病院に運ばれました。

目を覚ました時、点滴を受けながら古川監督が医師から厳しく叱られているのを耳にしました。

「そんなことをしては命に関わるでしょう」

その時、私たちの訓練がいかに危険であったかを初めて知り、恐怖が襲いました。

古川先生が私の枕元にやって来て尋ねました。

「大丈夫か？」

「はい、大丈夫です」

「何か飲みたいものがあるか？」

「いや、ありません」

「何か飲みたいものあるだろう？」

「いや、ありません」

「なんでだよ。命令だ。好きな飲みものを言え！」

当時は炭酸やジュースは禁じられていましたが、古川先生の命令で最終的に「コーラが飲みたい」と答えたのです。古川先生は、コーラを買ってきてくれました。

そのコーラは、まるで命の水のように私に力を与えました。

「どうだ、元気になったか？」

「はい！」

「よし！　戻って稽古だ」

そう言われ、私は学校に戻り、再び稽古に励んだのです。

全国三位の栄冠と個人の躍進

その年の玉竜旗高校剣道大会では、私たち東海大四高は全国三位の栄誉を手にしました。九州以外からの入賞は、我々北海道のチームだけでした。この成果は、私たちの時代における大きな偉業であり、チーム一丸となった努力の結晶でした。

準決勝で福岡県の常磐高校に敗北しましたが、私たちの先鋒は中堅までを破る活躍をみせました。しかし、私が副将戦で負けてしまい決勝進出への夢を裁ち切ってしまいました。私は準決勝まで大将決戦を制し、北海道に初めてのメダルをもたらしました。

その時期、私は自分自身が絶好調であると感じていました。それは、私の名前を剣道界に轟かせるきっかけとなった瞬間でした。挫けた自分を奮い立たせ、再び竹刀を手にした時のことは、私の人生での輝かしい教訓として胸に刻まれています。

玉竜旗高校剣道大会での敗北は痛みを伴いましたが、その経験が私の剣道に対する姿勢をさらに磨き上げたと感じています。敗北を経験することで、剣道人生に対する無限の可能性を見いだし、さらなる成長への確固たる決意を新たにしました。私はただの剣士から、一皮むけた剣士へと成長を遂げていたのです。

その後の稽古は、以前とは一線を画す厳しさを持ちました。自己超越、限界突破、そして仲間たちと共に高みを目指す情熱が、より一層深まり、精神を鍛え上げ、チームを強固な集団に結束させたのです。

私の剣道にかける青春は、汗と涙、そして情熱に満ちた日々でした。勝利も敗北もすべてを受け入れて剣士として歩みを進めていきました。これらの経験が、失敗を乗り越えて成長することの大切さを、私に深く教えてくれました。

高熱をおして初優勝

三年生の夏、稚内で開催されたインターハイに挑んだ私は、個人戦で高熱に苦しみながら闘いました。体はフラフラ、立つことすら困難な状態で敗退し、全国大会への道は閉ざされました。敗北の直後、感情が爆発し、私は体育館を飛び出して海へ向かって走りましたが、途中で止められ、観覧席で応援していた両親のもとへ連れ戻されました。そこで、両親から「しっかりしろ！　団体戦は出るんだ」と励まされ、介抱されながら立ち上がりました。

保健室で測った体温は四〇度近くに達しており、通常ならば出場を見合わせるべき状態でした。しかし、初優勝を目指す重要な試合であったため、父は高体連専門部部長の大下勝市先生に特別な配慮を求め、「試合に出してやってください」と懇願したところ、大下先生の判断で、団体戦への参加が許可されました。

予選リーグでは、高熱と闘いながらも何とか反則勝ちを収めました。当時のルールでは、反則を三回犯すと反則負けとなるため、竹刀を振ることなく、ただただ前に攻め込む戦略で、相手を場外に追い込み勝利しました。この勝利方法は、後に語り草となりました。

団体戦決勝では、札幌第一高校を相手にして、前年の悔しさを晴らすかのように完璧な試合を展開し、相手に一本も許すことなく五対〇で快勝しました。こんなに気持ちのいいことはありません。相手が盛り上がる間もなく全部勝ったのです。

この勝利は東海大四高剣道部にとっての初の優勝であり、私たちにとって忘れられない瞬間となりました。

高熱を押しての団体戦出場は、剣道への情熱と全国大会への強い意志からきたものでした。試合後、意識が朦朧とする中、救護室で休息をとり、次の試合に備えました。そんな試練の連続でした。

この異例の出場は、大下部長の判断と父の「すべての責任を私が持つ」という強い訴えで実現しました。今であれば異なる決定が下されるかもしれませんが、当時はそのような特別な状況が認められたのです。

この優勝は、東海大四高剣道部に新たな伝統を築くきっかけとなり、その後も優勝を重ね、九連覇という偉業を達成しました。

私たちの勝利は、後輩たちにとっての新たな目標となり、学校の歴史に輝かしい一ページを加えたのです。

古川先生との厳しい稽古

剣道の稽古では、古川先生との試合を何度も経験しました。勝利への渇望と敗北への不満が交錯する中で、かつては触れることさえ叶わなかった先生と技を交える機会が増え、汗を流しながら稽古を重ねることができました。

「ダメだ」と叱られ、打たれても、「もう一本お願いします」と立ち向かう姿勢は変わりません。一蹴され「帰れ」と言われても、私には帰る選択肢などありませんでした。再挑戦を願い出るのが、私たちの間の暗黙の了解となっており、時には「うるさい！　行け！」と怒声を浴びせられながらも、私は「もう一本お願いします」と訴え続けました。当時の稽古は緊張感に満ち、稽古場は熱気に包まれていました。

先生の突き技によって竹刀が私の咽喉を捕らえ、その勢いで壁に押し飛ばされることもしばしばでした。この繰り返しにより、私の喉は真っ赤に腫れ上がりました。

今では、このような稽古が行わると体罰と見なされかねません。しかし、当時の私は、ただ前に進む勇気と悔しさを胸に秘め、さらに一本を求め続けていました。

剣道と勉強

高校時代、私は表面上、勉強に励んでいるように見せかけつつ、実は授業をサボるという、小さな反逆を日々行っていました。授業中に居眠りをすると叱られるため、眠気をしのぐためにシャープペンの芯を太ももに刺すといった極端な手段に訴えていました。この痛みが、やがては意識を失いながらも目を開けている技術を習得するきっかけとなりました。これは、授業という戦場での私の小さな勝利でした。

私の本当の情熱は剣道にありました。剣道部の一員として、学業をおろそかにするわけには

校内行事にも積極的に取り組む

いかないという強い責任感が働き、下宿に戻ると、教科書を開いて勉強に励むことで、文武両道を実践しました。剣道と勉強の両立は緊張感に満ちた毎日でしたが、剣道部員としてのプライドを保つためには欠かせないことでした。

剣道部員としての責任感は、自己責任を常に意識させるものでした。何か問題があれば、「お前は何部の者だ」と問われることが避けられませんでした。このプレッシャーは、私たちを一致団結させ、互いに競い合いながら成長する原動力となりました。稽古の厳しさが苦手だった私も、仲間と共に歩んでいくことで成長していきました。

時代は変わり、今の子供たちはさらに多くの課題に直面しています。いじめや責任逃れが社会問題となっている中、自分の時代を振り返ると、私たちは自分たちの行動に直接的な責任を感じていました。これは剣道を通じて学んだ貴重な教訓です。

勉強が嫌いで、剣道の厳しい稽古も苦手でしたが、文武両道の精神は私を形成する重要な要素でした。時に反逆し、時に自分に厳しく、私は自分の道を切り開いてきました。そして今、かつての仲間たちとの絆を大切にしつつ、過去と現在をつなぐ架け橋として歩んでいます。

東海大学時代

東海大学へ

高校を卒業し、人生の重要な分岐点に立った私は、国士舘大学からのスカウトと早稲田大学への憧れの中で進路を選択しました。最終的には古川先生の助言を受け入れ、東海大学への進学を決めました。この決断は、剣道のみならず、私の人生全体に影響を与える重要な転換点となりました。

早稲田大学に進んだ親友が激しい競争の中で剣道を断念したことは、私にとって衝撃的であり、剣道の厳しい現実を思い知らされました。

東海大学での日々は、団体戦での活躍と個人戦での挫折が交錯しました。関東大会で三位入賞するなどの成果を上げつつも、全日本学生選手権ではベスト一六止まりとなり、大学学生時代にタイトルを獲得することはできませんでした。しかし、全日本代表メンバーとして合宿に参加するなど、多くの貴重な経験を積むことができました。

大学入学当初は、特に夏の厳しい暑さとの闘いが待ち受けていました。この過酷な環境での剣道の稽古は、非常に困難でした。

一度、稽古の休憩中に水飲み場へ向かう際、疲れと環境への不慣れさからフラフラになってつまずき転倒、歯を強打してしまいました。その結果、現在は差し歯になっています。

神奈川の暑さは厳しいものでしたが、愛知県警や名古屋への遠征では、さらに過酷な暑さに直面しました。徐々にこの新しい環境に慣れていきましたが、最初は大変苦労し、逃げ出したいと思ったこともありました。特に冷房がない中での稽古は、非常に厳しいものでした。

厳しいルール

大学生活は、秦野市にある剣道部の寮、「稲栄館」での生活から始まりました。四年生の幹部、三年生、そして二年生の幹部候補生、そして私たち一年生全員がそこに入寮し、自炊生活を送りながら、厳しいルールの下で日々を過ごしました。

特に一年生には厳格な規則があり、学生服と学生帽を着用し、二列に並んで歩くことが求められました。先輩に出会った際は「気をつけ」の姿勢で挨拶をする必要があり、見逃すと正座する罰が課されました。

授業中の居眠りも許されず、先輩たちが厳しく監視していました。

「何時間目の何の講義で、お前、後ろで寝てただろう」と言われると、その日の点呼の際には全員が正座を強いられました。そんな厳しい規律の中で私は成長していきました。

剣道部の運営は学生主体で行われ、キャプテンや副キャプテン、マネージャーを含む幹部制度のもと、責任と規律を学び、厳しいルールに従う日々を過ごしました。

先輩たちによる夜中突然の夜襲というのもありました。一人部屋に住んでいた私は、蛍光灯の紐を長く伸ばして枕元に持ってきていました。そうして、カチャッとドアが開いた瞬間に素早く電気をつけ、正座して先輩が来るのを待ちました。夜中の十二時前なら「こんばんは」、十二時を一分でも過ぎていれば、「おはようございます」と、張り詰めた緊張感の中で先輩に挨拶をします。

寮に設置されたテレビのボリュームを大きくすることは許されておらず、静かな環境が保たれていました。

また、寮内の二階には電話部屋があり、私が一階に住んでいたため、電話が鳴ると二階の電話部屋まで駆け上がる必要がありました。電話はピンク色で、特徴的なチリーンという音を発します。電話が鳴り始めてから三回までなら待ってもよいのですが、四回鳴った場合は正座の罰が待っています。

電話に出る際は、「もしもし、こんばんは。こちら稲栄館です」と決まり文句を使います。特定の先輩宛の電話である場合は、その先輩の部屋に行って、「何々さんよりお電話が入っております」と伝えます。もし先輩が不在の場合は、中庭にある二つの棟のところへ行き、「何々先輩、何々先輩、何々先輩」と三回呼びます。それでも先輩が現れない場合、「只今何々先輩はお留守のようですが、何かご伝言あればお伝えします」と言ってメモを残します。

寮の新館には先輩方専用のお風呂が二つ設けられており、風呂当番として、私たちには特定の役割がありました。その一つが湯温を肘で測るという独特の方法でした。また、お風呂に毛が落ちている場合、それを取り除く責任も私たちに課されていました。

お風呂の使用順序は、寮内の階級制度に厳格に従いました。最初に寮長が入浴し、続いてキャプテン、副キャプテン、主務、そして四年生、その後三年生という順に続きます。お風呂が左右に分かれているため、風呂当番は入室時に「一年栄花、失礼します」と声をかけ、スリッパをきちんと並べてから跪き、「何々先輩、お風呂の用意ができました。湯加減は右も左も丁度よろしいようです。いかがなさいますか」と尋ねます。この決まり言葉は今でも覚えています。

正座

間違いを犯した際の罰として、正座を課されます。

この正座の時間は、通常一時間から二時間。時には三時間を超えることもあります。足がしびれて動かなくなり、立ち上がる際に骨折することさえあったほどです。

幹部たちは時折、助けてくれることもありました。「栄花！」と呼ばれ、足を引っ張られて解放されるのです。

寮生活では、特定の学生がターゲットになることもありました。

キャプテンになった時、私は正座の習慣をやめることを決意しましたが、指導が必要な場合は、二年生の指導係にその役割を任せました。

正座の真の意義は今も完全には理解できていませんが、私は「これは自分の足ではない」と自己暗示をかけてしびれに耐えました。

正座が直接役立つとは思いませんが、精神を集中させ、心を落ち着かせる効果はあると感じています。

姿勢が悪いと足のしびれが起きやすく、立ち上がり方にも注意が必要です。起き上がる時は必ず足を立ててから、踏ん張って立ち上がることが求められます。「左座右起」と呼ばれる剣道特有の姿勢で、左足から座り、右足から立ち上がるという決まりです。これは、刀を持つ際に右足を軸に立ち上がる必要があるためです。

この厳しい練習と正座の時間は、剣道の技術だけでなく、精神力を鍛える機会となりました。寮生活を通じて、自己規律と集中力の重要性を学び、正座の痛みに耐えながら精神を集中させる訓練をしました。立ち上がり方や姿勢の重要性を身につけたこれらの経験は、剣道はもちろん日常生活においても役立っています。

先輩との絆

大学時代も怪我に悩まされがちでしたが、「付き人制度」による先輩と後輩の絆が大きな支えになりました。この制度は新入生が四年生の先輩に師事し、日々のサポートを行うものです。

先輩たちは付き人を選ぶ際、新入生の出身県などを考慮していました。

私は、栗田晃先輩という素晴らしい人物に、付き人として選ばれました。これは、同じ東海大四高出身である三歳上の女子先輩が私を推薦してくれたおかげでした。

栗田先輩は剣道に対する情熱と厳格さを持ちながらも、優しさに満ちた人でした。栗田先輩に付き人として選ばれたことは、私にとって大変幸運なことでした。

現在、栗田さんは退職後、大学や高校で非常勤の先生として教鞭を執っていますが、私たちの絆は今も続いています。

厳しい先輩もいましたし、私自身も厳しい扱いを受けることがありました。しかし、そのような先輩たちの存在が、私に「絶対にレギュラーになる」という強い意志を抱かせてくれました。

選手選考で名前が呼ばれた時は、内心で拳を突き上げ「勝ったー」と叫び、喜びでいっぱいでした。嫌な思いをしたからこそ、私は自分自身を成長させることができたのです。

一年生で大将に

私が大学一年の時、剣道部で異例の出来事が起こりました。部員が一〇〇人以上の中から一年生が選手として選ばれること自体が稀ですが、私は全日本学生大会で大将に選出されたのです。

大学の剣道チームは九人で構成されており、通常は七人が選手で、二人が補欠です。しかし、全日本学生大会の際、本来のキャプテンが皇宮警察の試験と重なり出場できず、副キャプテンがいるにも関わらず、「栄花、やれ！」との声が上がり、私が大将に選ばれたのです。

明治大学との準決勝で、四年生の小山さんとの対戦となり、攻めに出たものの左胴を取られて敗退しました。

試合後、私は周囲からの非難を恐れていましたが、逆に「よくやった。頑張った」と励まされました。

一年生で大将を務めたことは、私にとって大きな誇りであり、この経験は剣道において重要な節目となりました。若さと未熟さにもかかわらず、重責を担う機会を与えられ、その圧力の中で自己を試すことができたのです。

失敗した時にも、周囲の支持と温かい励ましを受けることで、困難に直面した際のチームの結束力とサポートの重要性を学びました。

キャプテン

大学四年の時、剣道部のキャプテンとして重大な責任を背負いました。キャプテンとしての役割は、稽古の指揮と運営を担うことです。準備体操から始まり、すべての活動を統率するのが私の仕事であり、師範の先生方と共に稽古メニューや選手選考を決定するなど、学生と教師の間に立つ役割を果たしていました。

北海道出身の部員が多かったため、夏の合宿地を北海道にと提案しました。この提案を実現させるためには、日々の活動において真摯な姿勢を示すことが不可欠でしたが、これは決して容易なことではありません。

北海道での合宿を実現するためには、まず自分が模範を示さなければなりませんでしたし、朝稽古への全員参加を促すために、寮を回って部員を連れ出すということも行いました。

厳しい稽古に文句も出て、仲間との間に溝ができたこともありました。特に、飲み会で酔っ払った同級生から不平不満を言われた時は孤独を感じましたが、皆が望んだ北海道での夏合宿を実現できたことは、大きな喜びでした。

その年の関東学生優勝大会では、一回戦で国士舘大学と対戦するという組み合わせでした。

先鋒から副将まで同点で迎えた大将戦で、同級生の宮本敏雄君と対戦しましたが、私は面を打たれて負け、チームは敗退しました。試合後、日本武道館の外で選手九人が並び、在校生たちに挨拶しました。

キャプテンとして最前列に立ち、敗北の責任を感じながらも、「今日は応援ありがとうございました」と感謝の言葉を述べた時、「栄花ありがとう」「よくやった」と同級生たちから温かい言葉をもらい、感動の涙がこぼれました。

キャプテンとしての重圧と孤独を抱えながら、部を引っ張ってきた私にとって、全日本大会への道を断たれたことに深い責任を感じていました。そんな自分が部員たちの前に立ち、「今日は応援ありがとうございました」と感謝の言葉を述べた時、非難の声が湧き上がっても不思議ではないのに、同級生たちが「栄花ありがとう」と言ってくれたのです。

私のことをよく思っていなかった人も、最終的には私の努力を認め、その夜、一緒に飲みに行くこととなりました。彼らから「お前が羨ましかった」との言葉を聞いた時、キャプテンとしての責任と部員たちとの間に築かれた絆の重みを感じました。

キャプテンとしての教訓

剣道部のキャプテン選出は、最終的に先生方が決めますが、通常は実力のある者が選ばれる傾向にあります。私がキャプテンに選ばれたのは、恐らく私の話しやすさも影響していたのかもしれません。

一年生の時からレギュラーとして活躍していた私は、キャプテンにふさわしいと周囲から見なされていましたが、同級生の中には私を羨んだり妬んだりする者もいたと思います。

キャプテンとして、強い責任感を持ち、自分たちの学年の意見をしっかりと先生方に伝え、時には強引にでも部員たちの意志を反映させることの重要性を感じていました。

この役割を通じて、人間関係の複雑さとリーダーシップの難しさを学びました。

磁石のプラスとマイナスが互いに引き合うように、部員たちの異なる意見や感情を調和させることの重要性を理解し、相互の違いを受け入れ合える関係を築けることが、リーダーとしての大切な要素だということを知りました。

プラスとプラス、マイナスとマイナス。同じ性質を持つもの同士が反発し合うのとは対照的に、異なる性質が互いを補完し合う。もし一方が柔軟になれば、もう一方が厳しさを持ってもバランスが取れます。この相互作用を上手く取り入れることで、お互いの違いを認め合い、受け入れ合える関係が築けるのです。

剣道部のキャプテンとして直面した多くの困難にもかかわらず、今ではその経験が人間関係の基盤となり、支えとなっています。

後輩たちは私を「先輩」と呼び、尊敬と親しみを持って接してくれました。彼らからは一目置かれていると感じますが、同級生との関係はまた異なります。

同級生たちからの認識や扱いが変わることは、私にとって非常に嬉しいことです。他の学校の同級生からは、時に「栄花先生」と呼ばれることもありますが、時間が経つにつれて彼らの言葉遣いも変わり、「お～い、栄花」と気軽に声をかけられるようになりました。

北海道での同期会では、多くの旧友が集まり、私がホテルの手配をするなどして、再会を楽しみました。剣道を続けてきたことで、ＹｏｕＴｕｂｅや雑誌にも登場し、地方を訪れると「栄花、次はうちに来て稽古をしてくれ」と声をかけられることが増えました。このような剣道を通じた交流は、私に大きな喜びをもたらしています。

教員として

写真提供：剣道新聞

されたのか、理由ははっきりしません。

聞くところによると、北海道剣道連盟の会長が最終的な選考を行ったとのこと。その会長は厳格で公正な判断をする人物として知られており、決定に誤りはなかったはずです。

国体の砂川大会では、選ばれなかった選手たちと応援席で観戦しましたが、心からの応援はできませんでした。

悔しさを隠せず、祝賀会では「素直に喜べなかった。悔しい」と発言してしまいましたが、「申し訳ない」とも付け加えました。反発の感情もあったでしょう。

自分が参加していない試合を想像すらできず、国体には常に出場し、結果を出してきたにも関わらず、なぜ選ばれなかったのか理解不能でした。

父からの報告を聞いた時も、「嘘をついているのでは」と疑うほど、事実を受け入れることが困難でした。この経験は、深い挫折感と自己疑念をもたらしました。

北海道体育協会から活動費をいただき、佐賀県や鹿児島県など、多くの道外遠征や合宿に参加しており、自分の実績があれば絶対に選ばれるべきだという自負がありました。これは若さゆえの思い込みだったのかもしれません。

試合を重ねる中で、勝率が悪かったのかもしれませんが、その時は自分の中で成績の差を感じることはありませんでした。

特に、一歳下の後輩に対して悔しさを感じていましたが、その後輩は同じ東海大四高出身で、インターハイや個人戦で活躍し、現在は公立高校の校長として優れた人間性を持つエリートです。彼個人に対する悪感情はありませんが、選考結果への不満が、チームへの応援を控える態度につながっていました。私の感情は彼に向けられたものではなく、全体への反発として表れたのでしょう。

札幌創成高校の教員に

大学卒業後、私の心の奥底には常に教員になるという夢がありました。この夢は、中学時代に視聴したドラマ「金八先生」に大きな影響を受けたものでした。武田鉄矢さん演じる金八先生に憧れ、教員という職を追い求めるようになりました。

東海大学での四年間を経ても、私の最終目標は変わりませんでした。

その夢が現実となったのは、札幌創成高校という新たなチャンスが訪れた時でした。

東海大学から休暇をもらい、札幌創成高校を訪問した際、私が小学生時代にお世話になった大下勝市先生が校長を勤めていることを知り、即座に「ここで働きたい」と思いました。創成高校前の電話ボックスから大下校長に連絡を取り、「教員になりたい」という熱意を伝えました。「先生、お話があります。教員になりたいんです」と伝えると、「なんでもっと早く言わないんだ！　よし、分かった」と校長の大下先生。

その一言で、私の教員としての道が開かれました。

平成三年（一九九一年）に教員としてのキャリアをスタートさせた私は、新聞にも取り上げられ、日刊スポーツでは「栄花金八」というニックネームを付けていました。このニックネームは、私の教員としての夢が現実のものとなりつつあることを示していました。

しかし、当時の学校には、退職した校長先生が再任用されていました。給湯室でその先生に出会った時に、「栄花君、新聞に出ていたね。金八先生を目指すと言ってるけど、理想と現実は違うんだよ」と言われましたが、私はその言葉に「私は理想を追い求めます」と強く反論しました。

それからというもの、金八先生のような理想の教師像を追い求めながら、生徒たちのために全力を尽くすことを心に誓いました。理想と現実の間には確かに大きな隔たりがあるかもしれませんが、その理想を追い続けることこそが、私を教員として動かし続ける原動力なのです。

私の教員生活は、まるでドラマの一部のようです。生徒たちとの関わり合いは、時に激しく、困難に満ちていますが、それらはすべて生徒を守り、彼らの将来を考えるがゆえのものです。

私の心にはいつも、どんなに困難があろうとも、最終的にはハッピーエンドを迎えるというイメージがあります。

厳しい言葉を投げかけることもありましたが、それは生徒たちの成長と可能性を信じてのこと。直面するどんなトラブルも彼らは乗り越え、最終的にはすべてが良い方向に向かうと確信しています。

私が目指すのは、生徒一人一人が自らの道を見つけ、それぞれが自分のハッピーエンドを迎えることです。これが私の教員としての使命であり、日々教壇に立つ理由です。

サッカー部顧問に就任

創成高校着任当初、学校は変革の真っ只中にありました。黄色い校舎に生まれ変わり、制服も新たになった一方で、学業や生活面に課題を抱える生徒も多くいる状況でした。

意外にも、私が担当することになったのはサッカー部でした。すでに剣道部には経験豊かな顧問がいたため、大下勝市校長は私にサッカー部の指導を一年間任せることにしました。この部活動は、一見問題を抱えた生徒たちの集まりであり、練習場所も適切に確保されていませんでした。

それでも私はなんとかしなければいけないと思い、先ずはボールの手入れや用具を丁寧に扱うことから徹底させました。学校から離れた公園で練習を行い、遅くなると家に帰らない生徒もいました。

また、練習試合の準備も私の仕事でした。

初めて他校へ練習試合を申し込みに行った時、若い教員に足を組んで応対され、軽んじられる経験もしました。私自身、サッカーの技術に疎かったため、試合のビデオ撮影を行い、その映像を用いて指導することにしました。サボる生徒には、注意を促すことから始めました。

サッカー部の指導を始めて間もなく、札幌市民大会があり、我々のチームは見事三位に輝きました。

この大会では、負けたチームの顧問がラインズマン（線審）を務めるという独特のルールがありました。サッカーのルールに不慣れな私は、この任務に戸惑いましたが、「大丈夫です、何かあったら手を挙げてください」との助言を受けました。しかし、生徒たちに対して失礼だと感じ、辞退しました。この判断には後で苦情もありましたが、私は生徒たちのために最善を尽くす道を選んだのです。

サッカー部の顧問を務めた一年間は、新たな挑戦であり、教育者としてのスキルを磨く貴重な経験となりました。剣道の指導法を取り入れつつ、竹刀を手に「はい！　はい！」と声をかけ、日焼けした短パン姿でフィールドを駆け巡りました。

この一年間で、生徒たちとの絆を深め、私自身も大きく成長することができました。

全日本剣道選手権準優勝

私の剣道人生は、決して平坦なものではありませんでした。

平成三年（一九九一年）十一月三日の出来事は、私にとって忘れがたい節目です。

その日、私は全日本剣道選手権で準優勝という成果を達成しました。これは、創成高校に赴任してからの初めての大きな成果であり、東海大学の事務職員時代に参加した同大会で一回戦敗退を経験して以来の、長い道のりの集大成でした。

この準優勝は新聞やテレビで大きく報じられ、指導者としてだけでなく、競技者としても結果を出せた喜びがありました。

しかし、父は私の準優勝を祝うことはありませんでした。父は、優勝と準優勝の間には大きな差があると指摘し、さらなる努力を促しました。

最初はその言葉にショックを受けたものの、やがてそれが私のさらなる成長の糧となったことを理解しました。

この経験は、剣道の技術の向上だけでなく、人間として成長する機会も与えてくれました。

父の厳しい言葉は、私の人生において重要な教訓として深く刻まれています。

内閣総理大臣杯の栄光

全日本剣道選手権準優勝から一か月経った十二月十九日も、私の剣道人生における特別な瞬間のひとつとして心に刻まれています。

この日、東京の国立市で開催された中倉旗（内閣総理大臣杯）争奪剣道選手権大会は、剣道界のトップ選手たちが一堂に会する重要な大会でした。大学生、教職員、実業団、全日本剣道選手権のチャンピオン、前年度の同チャンピオン、さらには世界チャンピオンまでが集結します。

全日本剣道選手権の代表として、私はこの大会への招待を受けました。全日本選手権で優勝した選手が前年度のこの大会の優勝者だったため、準優勝者である私が選ばれたのです。

大会の決勝は、非常に激しい闘いとなりましたが、私は逆転勝ちを収めることができました。最初に面で一本を取り、最後は小手で勝利を決定づけました。

大学卒業後、社会人としての新たなステージで、ついに待ち望んでいたタイトルを手に入れることができました。学生時代に成し遂げられなかった夢を、社会人になってから実現したのです。

長年の努力が実を結び、夢の舞台で日本一に輝いた瞬間の喜びは、言葉では言い尽くせません。一位と二位との間には大きな差があり、優勝者には華々しいカップと豪華な賞品が授与されますが、二位にはそのような栄光はありません。

特に誇りに思っているのは、内閣総理大臣杯を獲得したことです。この純金製のカップは、私にとって計り知れない価値を持ちます。宅急便で送ることなく自分で持ち帰り、家に帰って父に見せた時のことが忘れられません。

「お前のその優勝カップっていうのは何杯だ?」と父が尋ね、「内閣総理大臣杯です」と答えると、父は黙ってうなずきながら、「十一月三日の全日本のカップは天皇杯だよな」とポツッとつぶやきました。その言葉を聞いて、内閣総理大臣杯が天皇杯に及ばないと気づき、愕然としました。

十一月三日に全日本チャンピオンになったライバルを倒し、中倉旗争奪大会で優勝したにもかかわらず、父からは「まだまだだ」と言われたのです。

その言葉は、私をさらなる努力へと駆り立て、まだ成長できると信じて剣道を続けることにしました。

天覧試合

当時、剣道選手の多くが警察官や教員といった職に就いていました。私も全日本剣道選手権で連続して三位入賞という実績を持っていましたが、特に印象深いのは、平成八年（一九九六年）の全日本剣道選手権です。

その年の大会は、天皇陛下の御覧になる天覧試合として開催されました。前日に日本武道館で行われた選手打ち合わせでは、多数のＳＰ（護衛役）が集まり、特別な雰囲気が漂っていましたが、選手たちには具体的な説明はありませんでした。

打ち合わせで、「準決勝から天皇陛下が御臨席されます。選手は時間を厳守し、決められた挨拶をした上で、試合を進めてください」と指示されました。

しかし、私は準決勝進出を想定していなかったため、その詳細には注意を払っていませんでした。ところが、結果として準決勝に進出し、天皇陛下の前で試合を行うことになりました。

この経験は、競技を超えた特別な価値を持ち、私の剣道人生の誇り高い瞬間として深く記憶に刻まれています。

兄弟対決

翌年の全日本剣道選手権で、私は再び準決勝に進出しました。そして、その年にはまさにドラマのような展開が待っていました。

宮崎正裕・史裕兄弟と私たち栄花英幸・直輝兄弟が準決勝で激突することになったのです。弟同士、そして兄同士の対戦。まるでドラマの脚本に書かれたかのようです。

準決勝で、弟の直輝が先に試合に臨みました。私は弟の試合をずっと見守っていましたが、残念ながら敗れてしまいました。その瞬間、私の心には強い炎が灯り、「兄同士の対決は絶対に勝つ！」と心に誓ったのです。

試合開始から二分後、私は攻め立て、先制の一本を面で奪いました。その瞬間、会場からは大きな歓声が上がりました。しかし、その後の展開が長く厳しかったのです。相手に面を取り返され、延長戦を何度も繰り返し、最終的には私が面を狙ったところを返し胴で逆転され、敗退しました。あの先制の一本が、勝利への執着心を強めたのかもしれません。

結局その年の全日本選手権では、宮崎兄弟が決勝へと進出し、私たち栄花兄弟は三位に終わりました。この出来事は、まるで小説の一ページを飾るかのような、私たち兄弟にとって忘れられない特別な思い出となりました。

創成高校で築いた生徒との絆

創成高校で学年主任を務めた際、大下校長からの「結果を残せ」という大きな期待を一身に背負いました。この期待に応えるため、私は創造的な方法を導入し、生徒たちの学習をサポートしました。

私自身が直接勉強を教えることはできなかったため、剣道場を学習スペースとして利用することを思いつきました。休日にはレンタル布団を使用した宿泊型の勉強会を実施し、生徒たちが集中して勉強できる環境を提供しました。

また長期休業日には、その休みを利用して他の施設で泊まり込みの勉強会を開催しました。若い先生たちが夜を徹して指導にあたる中、私にできるサポートは、ミスタードーナツで購入したドーナツを生徒たちに振る舞うことで、これが私にとっての最善の支援方法でした。

これらの取り組みにより、学年主任として顕著な成果を残すことができました。その結果、後に続く学年も、「あの学年を超えたい」という強い意志を持って挑むようになりました。

生徒を守ることも、私の重要な役割でした。

ある日、授業中のトラブルで生徒が先生に叱られる事態が発生しました。その生徒は自分の正当性を強く主張しましたが、私は彼に「自分が正しいと信じていても、時には頭を下げなければいけない時がある」と説明し、共に職員室へ行き、二人で先生に土下座をして謝罪しました。

短腹で眉の細いその生徒は、この決断に悔しさを感じていましたが、私は彼に励ましの言葉を送りました。

「大人になれば、こうした状況も乗り越えられるようになる。表面上は謝っても、心では〝今に見ていろ〟と思うことだ。だが、真の強さを得るには、誰からも認められる努力が必要だ」。

その後も、彼は問題を起こすことがありましたが、共に乗り越えることで、私たちは強い絆を築くことができました。

Sとの思い出

私が初めて担任をした卒業生の一人であるSは、少々ヤンチャな生徒でした。彼の問題行動に関しては、数えきれないほどありますが、なんとか学校生活を続けられるようにその問題を解決し、支援しました。

学校行事の一環である「三年生を送る会」では、Sは私に感謝の手紙を書いてくれました。その中で、社会人になったら私をご馳走するという約束をしていました。

そして、Sがその約束を果たす日がやって来ました。

建築の仕事に就き、社会人となった彼は、理由は不明ですが、昆布を携えて私を訪ね、彼が連れてきた友だちと一緒に食事を楽しみました。

結局その日は朝まで飲み続け、私が一〇万円以上を使ってしまいました。

後日、偶然パチンコ店の入口でSと再会しました。

「栄花先生、俺子どもできた」と報告してきたのです。

「ちゃんと結婚して籍を入れているのか」と尋ねると、「やってない」と答えました。そこで私は、「バカ野郎！　ちゃんと責任を取れ！」と叱り、彼は「分かった」と答えました。

数週間後、Sの姉が創成高校を訪れ、泣きながらSが亡くなったことを伝えました。

「栄花先生、Sが死んだんです」と彼女は言いました。

「えー？　この間会ったばっかりだけど」

信じられない思いでSの家を訪ねましたが、外枠を建て直していたため見つけることができませんでした。

喪中の札が掛かっている家を見つけ、それがSの家だと知りました。

「Sが全部作ったんですよ」とお母さんは教えてくれました。

「そうなんだ」

「実はS、先生と会いましたよね。会った日に先生に怒られた。栄花ちゃんに怒られたって」

Sのお母さんは、私との再会後に彼が責任を取ると決心したこと、そして籍を入れたことを教えてくれました。

しかし、その彼が突然亡くなったのです。Sの家族は、彼が動物園に行く予定だった日、彼が朝起きてこないことに気づきました。二階に上がってみると、彼は既に冷たくなっていたそうです。

私はSの亡骸を見て、彼が起きることを願いながら殴りました。綺麗な顔をしていたので起きるのではないかと思ったからです。

「お前はここまで俺を苦しめるのか」と訴えると、お母さんは「こんなになるとは残念でならない」とつぶやきました。

この悲しい出来事は、私に深い衝撃を与え、忘れがたい記憶として残りました。

かつての生徒が成長し、人生の重要な一歩を踏み出した矢先に、彼の人生が突然終わってしまったのです。

教師として、生徒一人一人の人生に対して深い責任感を再認識させられました。

私の部屋には今も、Sが書いた手紙が額縁に入れられ飾ってあります。これは、私が教師として果たした役割、金八先生のような存在であったことの象徴です。

栄花 英幸 先生へ

栄花先生、二年間、僕達三年二組の面倒を見てくれてどうもありがとうございました。

僕は誰よりも迷惑をたくさんかけて人一倍苦労させたと思うけど、それでも僕を今日まで見捨てずにきてくれたので本当に先生のおかげで、何とか卒業することができそうです。

栄花先生は本当に一人一人の気持ちも真剣に考え、大切にしてくれて、クラス全員、も僕と同じく感謝の気持ちでいっぱいです。

たった二年間という短い間でしたが、この二年間が僕達にとって、また栄花先生にとっても心に残る時間であったと思います。

先生の御希望どうり、今度僕のおごりで一杯飲みに連れて行ってあげましょう。

この二年間、本当に御苦労様でした。

そして心から感謝の気持ちを込めて

ありがとうございました。

Sからの手紙

Sが住んでいた石狩は私の家の近くで、私は今でも彼との絆を感じています。

腐ったみかんの教訓

私の教育哲学は、「腐ったみかん」に喩えられます。腐った部分を取り除けば、残りは美味しく食べられるのです。この考え方は、ダメな人間はいないという信念に基づいています。すべての人は改善可能であり、彼らが成長するまで尽力すべきだと考えています。

しかし、私も理解しています。時には、異なる道を選択する必要があることを。そういった時には、適切な道を見つける手助けをし、必要であれば学校を去ることを支援します。

過去には、どんなに問題を抱えた生徒であっても決して諦めず、彼らの成長を信じてサポートを続けてきました。

例えば、学校に来なくなった女生徒がいました。私は彼女に「もう学校に来なくてもいい。一緒に遊びに行こう」と提案しました。

カラオケに行き、彼女が友達を呼んで楽しい時間を過ごした後、彼女は学校に戻り、「先生、ごめんなさい」と謝って、無事に卒業しました。

このようなケースは以前にたくさんありました。今でも、彼らは私を「英幸」と呼び、親しみを持って接してくれます。

全日本剣道選手権引退と弟の優勝

全日本剣道選手権には平成三年の準優勝に続き、何度か出場しましたが、結局二度の三位入賞に留まりました。途中、何度も出場をやめようかと思いましたが、両親の「まだやれる」という励ましの声に支えられ、競技を続けてきました。

そして、私が全日本選手権への参加をやめたのは、平成十二年（二〇〇〇年）でした。その年、私は公立高校の教員試験に合格しました。合格通知を受け取った時、内心の喜びは大きかったのですが、その喜びを秘めたまま、全日本選手権に臨みました。

試合会場では、名札の中に合格通知を隠し、創成高校の剣道部員やその家族、周囲の人々には、受験したことを内緒にしていました。

その全日本選手権を最後にするつもりで挑みましたが、残念ながら、一回戦で延長の末敗退しました。

この一回戦での敗退は、私にとって重大な決断の瞬間となりました。弟に「これで引退する」と伝えた時、弟は「まだ兄ちゃんできる」と励ましてくれましたが、私は「いいんだ。次はお前が優勝しろ。俺はこれで終わりだ」と答えました。そして、その年の全日本選手権で弟は実際に優勝をしたのです。

弟が優勝した瞬間、私たちはアイコンタクトを交わしました。その時の感動は、言葉では表せないほどで、涙がこぼれそうになりました。特に、決勝の相手が常に私が苦戦していた宮崎正裕さんだったことに感慨深いものがありました。宮崎さんは私の二つ上の先輩で、弟とは五歳の年齢差があります。

試合を見守りながら、一回戦からの宮崎さんの苦戦しつつも勝ち進む姿に心を打たれました。そして、私が大会からの引退を決意した年に弟が優勝を飾る相手が、私が長年追い続けた宮崎さんであったことに、深い感謝の気持ちを抱きました。宮崎さんが決勝に進出したこと自体が、私にとって大きな意味を持ちます。

この出来事は、私の全日本剣道選手権における最後のステージが完結したようなものでした。

確かに、どの相手に勝ってチャンピオンになろうとも、その称号に変わりはありません。しかし、私が長年追い求めてきた先輩が最後の年に決勝に駒を進め、弟がその壁を乗り越えて優勝したという事実は、私にとって最高の贈り物でした。まさに、私の全日本選手権最後の年に、追求していた目標が形となって実現したのです。

優勝後、弟がインタビュールームへ呼ばれている間、私は優勝賞品の片付けを手伝っていました。その時、ある観客が「サインしてください」と声をかけてきました。私は喜んで応じました。

しかし、弟が姿を現した途端、周囲の雰囲気は一変。人々は一斉に「栄花選手来たー!」と叫び、弟の方へと集まっていきました。

かつては自分が「栄花選手」としてサインを求められていたのが、弟がチャンピオンになった今、「栄花選手のお兄さん」と呼ばれるようになったことは、私にとって新しい役割への移行を象徴していました。

弟の優勝を知った時、心からの喜びを込めて、父に電話をかけ、弟の優勝と自分の引退を報告しました。

「俺、もうこれで辞めるつもりで来たんだ」と伝えると、父はただ淡々と「お疲れさん」と返答しました。このシンプルな言葉が、私にどれほどの感動をもたらしたか…。涙が溢れ、心から「ああ、良かった」と感じ、父に感謝の気持ちでいっぱいになりました。その電話での感動は今も鮮やかに私の記憶に残っています。

父の存在があったからこそ、全日本選手権で最後まで全力を尽くすことができました。もし父がいなかったら、こんなに長く闘い続けることはできなかったでしょう。

弟が宮崎さんと闘う同じ時代に、私もまた闘うことができました。

全日本選手権からの引退を決めたのは、「絶対に優勝する」という強い意志が薄れてしまったからです。技術的にはまだ可能だと自覚していましたが、勝利への熱意が失われていたのです。

公立高校の教員に

公立高校の教員としての道が決まった時、それは私にとっての新たなスタートであり、競技生活に区切りをつける適切な時期でした。

大下校長が、私に「公立高校の教員になるべきだ」と強く勧めてくれました。当初、公立学校への道を選ぶつもりはなかったのですが、校長先生の「お前はその道を行く人間だ」という力強い言葉に心が動かされました。

その頃、新聞で「一芸採用を導入する」との記事を目にしました。この記事を見た後、多くの元公立高校の校長先生たちからも「栄花、お前こそが行くべきだ」という声をいただいたので、「一芸採用」の一期生として公立高校の教員となることを決意しました。

この転機は、私の人生において非常に重要な変化で、競技の世界から教育の場へと舞台を移し、新たな挑戦を始めることになりました。これは、単なるキャリアチェンジを超え、私の人生観そのものを変えるものでした。

しかし、全日本剣道選手権後、新聞で私の「公立高校教員採用」が報じられたことで、事前に秘密にしていたことが明らかになりました。この報道により、保護者からの怒りを買い、私が生徒を置いて試験を受けたことが問題視され、苦しい経験をしました。

恵庭南高校での挑戦

公立高校の教員としての道を歩むことが決まった時、公人としての新たな責任を強く意識しました。公の立場であることの重みを理解していたからです。

恵庭南高校への赴任は、北海道で唯一体育科を設置する特色ある学校として、私にとって新しい挑戦の始まりでした。

赴任が決まった際、教育長から「恵庭南高校を変えてほしい」という使命感を込めた言葉をいただき、この新たな職場での一歩を踏み出しました。これは、競技で培った経験を活かしながら、教育の場で何ができるかを試す絶好の機会となりました。

恵庭南高校での仕事は、まったく新しい挑戦でした。生徒たちに伝えるべきこと、指導方法など、すべてが私の新たな旅の一部となりました。

教職に就いて以来、厳格な指導を行ってきましたが、公立高校での時が経つにつれ、「先生も優しくなりましたね」という声を耳にするようになりました。創成高校時代に厳しく指導した教え子たちは、今も変わらず敬意を持って接してくれます。その時の指導法が効果的だったのだと感じています。

その教え子たちは私を見ると「先生！」と呼んで敬意を示し、かつて厳しく教えた生徒たちは、帽子をかぶっていても私を見るとすぐに脱ぐなど、現代の子どもたちとは一線を画す態度を取ります。今の子どもたちは、どこか甘やかされた教育を受けているように感じられます。

ゆとり教育や週休二日制の導入は、生徒たちの「生きる力」を育てる意図で行われましたが、これらの変化が彼らのために本当に良いのか、時に疑問を持ちます。

私は教育委員会に、教育における厳しさの必要性について問いたいのです。もちろん、暴力は決して許されるべきではありませんが、厳しさの中にも価値ある教訓が存在すると私は信じています。

現代の教師たちは、生徒に対して過度に慎重に

インターハイ北海道予選初優勝

なる傾向があります。

教師自身も常に学び続け、飴と鞭を上手に使い分ける技術の重要性を理解する必要があります。特に、若い教師は、二十代で「先生」と呼ばれることにより、自分が何らかの形で優れているとの錯覚に陥りがちですが、教師であることが自動的に優越性を意味するわけではありません。「先生＝偉い」という考えは誤りです。私は、教師であるという理由だけで特別扱いされたくありません。むしろ、生徒の失敗は私たちの教育方法に問題があると捉え、それをどう克服するか常に思索することが肝要です。

剣道の指導を通じても、私は個々の生徒に合わせた指導の重要性を学んできました。困難に直面することは避けられないものですが、それをどう乗り越えるかが教師としての腕の見せ所です。「やるだけのことをやったのだから仕方がない」と簡単に諦めるのではなく、本当にやったのか？　もう方法はないのか？　生徒のためにもう一度、解決策を考えてほしいのです。

厳しさと柔軟性の狭間で

剣道を続ける中で、熱があっても努力を続ける経験は、私にとって重要な教訓となりました。時代や環境が変わっても、その精神は今なお私の中に息づいています。

かつては、子どもたちの健康に対する考え方も異なり、「体調が悪い」と訴えても、なかなか受け入れられることはありませんでした。コロナの影響で多くのことが変わりましたが、三九度の熱があっても、「剣道をやれば治る」という風潮があり、熱で汗をかいた後、自然と回復することもありました。

水分補給についても以前は制限がありましたが、今では子どもたちに積極的に水を飲ませるようになりました。ペットボトルにストローがついており、面を外さずに水分を摂取できます。しかし、かつては、面を外さなければ水を飲むことができず、どうしても水が飲みたくなった時はトイレに行きました。面を外してトイレに行くことは許されます。そこでしか水を飲むことができませんでした。トイレは、水分補給が可能な唯一の場所だったのです。飲料水が出ないトイレでは、和式トイレの水を飲んでしのぐこともありました。

これは、私が高校二年生の時に全国玉竜旗大会への出場を目指して猛特訓をしていた時のことでした。

「すいません、トイレに行かせてください」

「早くしてこい！」

和式トイレを一回流すときれいになると思いジャーッと流し、溜まった水を飲みました。まさに異常な状況でした。

しかし、現代の子どもたちには、昔のような過酷な訓練を施すことは許されていません。それでも、教育においてある程度の厳しさが必要であることは変わりません。過去の方法がすべて良いわけではないものの、それらをどう自己成長に活かすかは、個々人の判断に委ねられています。

現代の教育では、過去の厳しさと優しさのバランスを見つけ出すことが求められます。指導者は自己研鑽を続け、柔軟性を持つことの重要性も理解する必要があります。教師はすべてを知っていると見られがちですが、現実はそうではありません。だから学ばなければいけないのです。生徒の健康状態に真剣に向き合い、教育方法を時代に合わせて柔軟に調整することが今後さらに求められます。

教育は、生徒と共に成長するプロセスであり、指導だけでなく学びも含むものです。これが有益な教育を提供する真の方法であり、生徒にとって価値ある経験を提供する手段です。教育は、共に成長する「共育」のプロセスなのです。

全日本都道府県対抗剣道優勝大会で奇跡の逆転勝利

平成三十年（二〇一八年）、全日本都道府県対抗剣道優勝大会に北海道代表として参加し、私たちは記念すべき初優勝を成し遂げました。

この四月に開催された大規模な大会は、職業別のメンバー構成が特徴で、現在は七人制ですが、当時は五人制で競われていました。構成は先鋒が実業団から、次鋒が教員、中堅が警察官、副将が三十歳以上の一般社会人、大将が五十歳以上という年齢制限が設けられていました。

私は教員代表として次鋒を務め、弟は警察官代表として中堅で闘いました。

決勝戦への途中、先鋒が敗北するも、私たち兄弟と副将が勝利を重ね、チームを支えました。しかし、決勝戦で試合開始早々に私はアキレス腱を切り、棄権を余儀なくされました。このアクシデントが起きた瞬間、痛みよりも驚きが先にきました。これで北海道は二敗となり、さらに一敗すれば敗退という厳しい状況を迎えました。それにもかかわらず、弟は残りわずかな時間で逆転の一本を取り、副将も勝利を収めました。

救急車が呼ばれ、サイレンが鳴り響く中、私は担架の上で最後の決勝を見守り、大将が勝利を収めた瞬間、担架で運ばれながらもバンザイをして喜びを表現しました。それが北海道の初優勝の瞬間でした。

新聞や雑誌で閉会式の写真を見た時、優勝旗を持つ笑顔の四人の選手たちが写っていましたが、私の姿はありません。自分の不在を悔やみながらも、「来年も絶対選手として出場する」と決意しました。

初優勝の祝賀会は京都の祇園で行われ、私は病院から松葉杖をついて参加しました。お酒は飲めない状態でしたが、初優勝の喜びを仲間とともに分かち合うことが大切でした。

そして翌日、松葉杖をつきながら飛行機に乗り、家路につきました。まるでドラマの一幕のような、忘れられない体験でした。

特に、弟が残り三秒で見事な面を決め、大逆転勝利を果たした瞬間は、「残り三秒の奇跡」として新聞にも取り上げられました。弟は私が負傷したことを悲しみ、試合中に涙を流しながら闘っていたそうです。その奇跡的な一本は、私たちにとっても深い感動を呼び起こしました。

ヒーローは間違いなく弟でしたが、どこかで自分がそのヒーローを生み出したような気持ちもありました。

全日本都道府県対抗剣道優勝大会は、北海道の団体にとって初の優勝だったのですから、喜びもひとしおでした。私自身も、アキレス腱を切って棄権するまで全勝を続けていたため、チームへの貢献度には満足していました。

奇跡的に、手術をせずに七月に復帰することができました。切ったのは左足。軸足を右にした左上段の構えから剣を振るう。そんなリハビリと気持ちだけの稽古を続けました。

そして一年後、その努力が実を結び、予選を勝ち抜いて、大将だけが変わった新しいチームで大会に臨み、見事二連覇を達成しました。

その後、このチームの中心メンバーである私と弟、そして副将に加え、二連覇を成し遂げた時の大将である私たちの恩師、古川先生も後に日本チャンピオンになりました。

これは、ただの勝利ではなく、私たちの人生における輝かしい章の一つであり、北海道の黄金時代の始まりを告げる瞬間でした。

最初の八段審査

競技者としての剣道の道を歩んだ後、全日本剣道選手権を引退し、教育者としての役割に専念し、学校の部活動を通じて若者の競技力向上に尽力しました。

また、剣道連盟の一員として、少年剣道の育成や指導者の養成にも取り組みました。教えることが私の新たな情熱となり、剣道の智恵を子どもたちに伝えることに全力を注ぎました。

私の個人的な挑戦もありました。特に、剣道八段の資格取得が大きな目標となりました。七段まではすべて一発合格で来ており、私の場合最短コースで、四十六歳からの受験資格を得ていました。そのため、八段審査の二年前から、私はこの難関に挑む準備を始めました。

剣道に全力を注ぐため、ゴルフを含む他の趣味をすべて諦め、ゴルフクラブを売却し、ウェアを焼却しました。

剣道の八段審査は「司法試験より難しい」と言われるほどの難易度を誇ります。現在は年に三回試験が行われていますが、私の受験当時は二回だけしか実施されておらず、東京の足立区綾瀬にある東京武道館と京都の府立体育館が試験会場でした。これらの場所は私たち武道家にとって聖地のような場所でした。最近では、より多くの武道家に機会を与えるため、地方都市でも審査が行われるようになりました。

八段への道は、厳しい審査プロセスを経ています。受験者が四人一組で二回ずつ対戦し、一次審査を通過すると、更に二次審査で再び二回の対戦を完璧にこなさなければならないのです。これら四回の対戦は、技術のみならず、心・技・体すべてを問う試練です。

合格率は非常に低く、参加者のわずか一パーセント未満しか合格できないという厳しい現実があります。私が審査を受けた頃は、二日日程で約千人が受験しても合格者は十人に満たないことが多く、最近でも合格者は四、五人程度です。

剣道の技術と同様に、精神面での挑戦も要求されます。大会での成績が直接八段取得に影響するわけではないものの、勝利への追求と剣道の精神性とのバランスを見つけることが重要でした。私は全日本選手権引退後、東北北海道大会のような地域大会で八段審査を意識し過ぎて勝てなくなるなど、迷いが生じた時もありました。

勝利と剣道の精神性との矛盾が自己正当化や言い訳を生む心理を引き起こすし、「八段取得の過程にあるから、勝たなくても良い」という考え方が実際の試験での失敗につながることもあります。

私も初めての八段審査一次試験で落ちるという経験をしました。

挫折からの学び

全日本剣道選手権に挑む私は、常に一定のルーティンを厳守しました。大会の日程が決まると、到着時間や喫茶店での過ごし方、本を読む時間、夜の弁当屋選びまで、一連の流れを事前に計画します。この準備は数ヶ月前から始め、集中力を高めるためにお酒も断ちました。一回目の八段審査にあたっても、同様の準備を行いました。

八段昇段の道は、数多くの悩みと試練が伴いました。七段まで一発合格で突破した私は、八段も迅速に達成できると楽観視していましたが、現実は甘くありませんでした。

東京での十一月の審査で、私は落第したのです。審査当日の緊張は想像以上で、アップのために別会場で体を動かす際には、緊張のあまり異常なほど口が渇き、声を出すことさえ困難でした。一次審査で面をつけ「やー!」と発声した瞬間、喉がくっつき、剣道に集中するつもりでいても、心が徐々に自分から離れていく感覚に苛まれ、最終的には審査に落ちてしまいました。

私は深い悩みに襲われました。なぜ失敗したのかを思案する中で、多くの人から意見を受け、競技への情熱や相手に対する欲望、負けたくない気持ち、そして合格への強い願望が、私の過去の実績やプライドと共に、私の心に影響を与えていることに気づきました。

これらの心理的な束縛から解放される必要がありました。この経験を通じて、勝負に生きる人間としてのプライドの重みを痛感し、稽古に再び打ち込むことを決意しました。

朝の稽古では、多くの先生方に稽古をお願いしました。さまざまな相手に打たれる中で、私は自分が信じてきた剣道との距離を痛感しました。

稽古を重ねるほどに、構えとの関係について悩み、自信を失い始めました。相手に打たれ続け、自分が信じている剣道から遠ざかっていくような気がして、私を苦しめました。

しかし、この悩みが深まる中で、自分を縛っていた概念や期待から解放される瞬間が訪れました。

普段なら話しかけてこない先生が、私に「先生の足の構えが変ですよ」と指摘しました。後ろから見ると足が曲がっているように見えるとのことでした。

普段の私なら、プライドが傷つき、反発を抱くところでしたが、その時は異なる反応を示しました。

「そうですか、先生、写真を撮っていただけますか？」と尋ねると、先生は快く写真を撮ってくれました。写真を見て、私は構えに対する新たな気づきを得ました。

さらに、前進するために、先生に動画撮影をお願いしました。先生は快く撮影に協力し、動きについて丁寧に解説してくれました。年齢は若いものの、指導する立場の私に対しても、先生は遠慮なく教えてくれました。この動画は後にＤＶＤとしてまとめられ、私の成長の記録となりました。

これらの経験は、変化を自然に受け入れる心を養うきっかけとなりました。

この経験を通じて、他人の意見に素直に耳を傾けることの重要性を学び、「ありがとうございます」という感謝の気持ちを持ってすんなりと受け入れるようになりました。そして、その態度を外に表すように努めたところ、多くの先生方から肯定的な言葉をいただきました。特に、ある先生からは「最近、栄花くん、打たれっぷりが良くなったね」という評価を頂戴しました。

最初はこの言葉に少し戸惑いましたが、後になって振り返ると、それは私にとって大きな転機であったことに気づきました。それまでの私は、できるだけ打たれないようにしていましたが、その考えが根本から変わりました。

また、他の先生たちからも段位や序列に関係なくアドバイスをいただくことがあり、私にはまだ成長の余地がたくさんあることを実感しました。

「ありがとうございます」と心から感謝し、打たれるようになってから、心がより開かれるようになりました。

八段への道は、勝ち負けではなく、自己受容と他人の意見に素直に耳を傾けること、これが重要だと確信し、「普通にやればいい。今までやってきたことを飾らずにやればいい。自分自身をありのままに表現することが大切だ。酒が飲みたいなら飲めばいいし、遊びたいなら遊べばいい。自分の人生そのものを審査で示せばいいのだ。それが楽しみながら審査に臨む秘訣だ」と気づきました。

謙虚な気持ちと素直な心を持つことの重要性を理解してからは、多くのことを吸収できるようになりました。

再挑戦の八段審査に合格

十一月の八段審査に不合格となった後、翌年五月の審査に再挑戦しました。

この時、特別な準備を控え、日常の生活パターンを維持することにしました。日々の稽古を積み重ね、審査当日は「いつも通り」の心持ちで臨み、打った、打たれたの激しい攻防の末、一次審査を無事に通過しました。

二次審査までの間、将来八段審査を受ける予定の弟・直輝が支えとなってくれました。弟は気を利かせ、「ご飯を食べに行こう」と提案し、たまたま近くで行われていた実業団野球の試合を観戦しながら時間を過ごしました。

二次審査では、心地よい緊張感の中での審査となりました。ググッと攻めれば相手は下がる。さらに攻めればまた下がる。攻めることで相手が下がる感覚があり、非常に気持ち良くなってきました。なぜか嬉しくなり、まるで朝の稽古を先生方と行っているかのようでした。

審査が終わった瞬間、まるで日常の稽古が終わったかのような充実感を味わいました。実際は審査の場であったのにも関わらず、そのことをすっかり忘れていたほどです。

合格発表までの間、緊張は高まるばかりでした。二次審査に合格すれば八段を取得できるという重要な瞬間でした。発表時、弟は「大丈夫だ」と励ましてくれましたが、自分の中では不安が渦巻いていました。そして合否を見に行った時、自分の番号が見つからず一時落胆しました。

「直輝、なかった……」

「兄ちゃんどこ見てんの？　向こうだよ！　向こうの会場の方だよ！」

弟が正しい位置を指摘してくれました。

第一会場と第二会場それぞれに合格者の番号が掲示されており、私は最初に間違った方を見てしまっていたのです。

「あった！」

その時の合格者は七人で、私の番号は一〇一のAでした。

残る審査は「形」で、武道で培った技と心を表現する瞬間でした。形審査で失敗する者もいると聞いていましたが、何年もの練習の成果を信じて臨みました。

審査員席には、尊敬する二人の大先生がおり、その前で形を披露。終わった瞬間、「今日は皆さん合格です」という声が響きました。

私の心は喜びで満ちあふれました。審査が終わり、会場を後にする際、大先生から「栄花！今日は飲みすぎるなよ！」と声をかけられ、心が温まりました。

会場の扉を開けるとそこには、高校時代の恩師、古川和男先生が待っており、「おめでとう！」と祝福の言葉をかけてくれました。

これまでの努力が報われた瞬間であり、先生は私を祝って飲みに連れて行ってくれました。

長年の稽古と多くの人々の支えがあってこその合格であり、その全てに深く感謝する気持ちでいっぱいでした。

八段の称号を手に入れたことで、私の剣道の旅は新たな段階に入りました。

古川先生の教え

我が師と仰ぐ古川和男先生について語る時、その話題は剣道の技術だけに留まらず、生き方や哲学にまで及びます。数多くの剣道家がさまざまなアドバイスや技術を提供してくれますが、古川先生の教えは私にとって特別です。

人はそれぞれ異なる視点やアプローチを持ち、私もしばしば迷いました。何を信じ、どの方向に進むべきか、度々迷走する中で、迷いの時はいつも古川先生の教えに立ち返ります。先生の考え方は、私にとっての原点であり、剣道を通じて育ててくれた根源です。

先生は厳格な指導者として知られ、その鍛錬は非常に厳しく、まさに鬼のようでした。その厳しさが、私にとって師の真髄を形作ります。古川先生の教えに立ち返り、先生から学んだことを再び吸収し、自己を鍛え直すことで、私は少しずつ確実性を持つようになりました。

古川先生の教えは、剣道家としての私の成長に深く影響を与えています。古川先生は、私の剣道の旅において欠かせない存在であり、感謝の念を忘れることはありません。先生は六十歳で退職されましたが、その別れの節目には、小樽での最後の大会が待っていました。それはインターハイの予選であり、この大会で私は副審判長として上席に座っていました。先生はその大会で見事優勝を飾り、東海大四高の名誉を高めました。

優勝した瞬間、私は準備していた花束を手渡し、先生と共に優勝旗を手に記念撮影をしました。この優勝旗は東海大四高初優勝の時、私が最初に手にした優勝旗です。

全日本選抜剣道八段優勝大会に挑戦

全国から選ばれた精鋭八段剣士が競う全日本選抜剣道八段優勝大会。初出場の第十六回大会では、私は残念ながらわずか二分で敗退しました。その時、自分にはもうチャンスがないと感じていました。翌年、予想通り代表選出から外れましたが、弟が選ばれ、北海道から二人の代表が出場しました。

この大会で弟が優勝したおかげで、出場枠がもう一枠増えることになり、私にも再び出場する可能性が見えてきました。しかし、そのチャンスをつかむ前に、新型コロナウイルスのパンデミックが発生し、大会は中止に。長い間、剣道を行う機会が途絶えました。

解禁後、再び代表に選ばれ大会出場が決定しましたが、その間剣道ができない状況だったので、ＹｏｕＴｕｂｅで剣道の試合を視聴したり、昔の先生方の動画を見たり、剣道に関する本を読んだりして過ごしました。コロナがなければ、こんなにも学びの機会に恵まれなかったかもしれません。

この期間は、剣道への情熱を再確認し、その素晴らしさを改めて理解する貴重な機会となりました。皮肉ながら、コロナは私にとってプラスの要素となったのです。

剣道を実践できるようになってからは、朝稽古に励みました。　若い者から年配者まで、指導者としての責任を持ち、誰とでも稽古を共にしながら、剣道の喜びを分かち合いました。

八段戦への選出時には、これまでの研究や課題への取り組みが実を結び、大会でその成果を披露する機会を得ました。優勝を目指すのではなく、自分の実力を示す場として大会に挑んだのです。

兄弟で八段戦制覇

令和三年（二〇二一年）四月、名古屋市中村スポーツセンターで開催された全日本選抜剣道八段優勝大会に再び立つ機会を得ました。

本来ならば、前日に審判員・選手合同での稽古が行われるのですが、コロナ禍の影響で中止となり、多くの先生方との稽古を通じて、これまでの修行の成果を確認する機会がありませんでした。

試合では、面に装着するシールドとマスクの着用が義務づけられていました。

初戦は緊張と息苦しさを感じつつも、勝利を収めることができました。

この勝利は、自身の剣道への成長と、それを支えてくれたすべてに対する感謝の気持ちを再認識させてくれました。

決勝戦で、年下の強敵と対戦することになりました。

「最後までできたんだから、思い切ってやろう」と自分に言い聞かせました。

朝稽古で共に汗を流した仲間たちの姿が思い浮かび、彼らに対する深い感謝の気持ちが込み上げ、「朝稽古でいろいろ学んだことに感謝します」という思いが心を満たしました。

そして、弟の励ましの声が脳裏に響きました。

「兄ちゃん、ここまで来て逃したらダメだよ」

これらの思いが、集中力を高めてくれました。

試合には自信を持って臨み、相手の動きを的

八段戦制覇

確に捉え、伸び伸びと闘いました。

相手は猛烈な攻撃を仕掛けてきました。しかし、無観客の中でも、「勝つのはお前だ！　お前が勝て！」という無言のエールを感じました。誰も言葉にはしなかったものの、会場全体からそう伝わってきたように感じました。

一本目、双方が面を打ち合いました。自信がありました。打った後、赤旗が見えました。私の面ありでした。「よっしゃー」と心の中で叫びました。もう一本！　さらに攻めの姿勢を崩しませんでした。審判が「二本目！」と言った瞬間、私が少し攻めた時に、相手は面に出てきました。小手が大きく見えました。その小手を的確に捉え勝負ありです。相手は必死に反撃しましたが、私は的確に小手を決めました。

試合後、礼を交わす瞬間、達成感とすがすがしい気持ちに満たされました。

閉会式では、大会副会長の真砂先生が最後に挨拶しました。私はまだ優勝したことの実感が湧いていなかったのですが、先生から今回の大会について素晴らしい言葉をいただきました。「栄花君は兄弟で勝ち取った二連覇です」との言葉をいただき、兄弟で連覇を達成したことを讃えられました。

具体的には、一七回大会で弟が優勝し、一八回大会が中止となり、一九回大会で私が優勝したことを指摘していただき、兄弟での連覇を強調されました。その瞬間、感極まる思いでした。兄弟に言及し、特に弟のことを触れてくれたことへの深い感謝を感じました。

優勝の賞状とカップは、私の東海大学時代の恩師である網代先生から授与されました。網代先生は全日本剣道連盟の会長を務めており、その時も、非常に嬉しい気持ちでいっぱいでした。この時感じた感謝の気持ちは何にも代えがたいものでした。

八段試験に合格した時には、ふわっと「ありがとう」という言葉が心に浮かびました。柔らかな感じで、「ありがとう、楽しかった、ありがとう」という気持ちでした。

しかし、この八段戦での優勝では、自然と「感

八段審査

謝」という漢字が心に浮かんできたのです。具体的な意味については考えませんでしたが、ひらがなから漢字への進化のようなものかもしれません。ただ、その瞬間に私には「感謝」しかなかったのです。

私の試合はＹｏｕＴｕｂｅなどでライブ中継されていましたが、両親はそれを観ることができなかったため、電話で結果を報告しました。

父は、「いや、すごい！　英幸、おめでとう！」と喜んでくれました。弟が前回優勝していたこともあり、兄弟での優勝は特に喜ばれ、私たちの八段戦制覇の重みを改めて感じさせてくれました。

他にも兄弟で活躍されている先生はいらっしゃいますが、八段戦を兄弟で優勝しているのは、私たちだけなのですから。

感謝と責任

私の父は、私たちが剣道で力を尽くす姿を常に支えてくれる素晴らしい親であり、いつも心の支えとなってくれました。そんな父に対して、私は深い感謝の気持ちでいっぱいです。

私たちの恩師である古川先生もこの大会で優勝し、恩師、弟、そして私自身の優勝は、東海大学と東海大四高の師弟関係にある私たち三人が内閣総理大臣杯を手にしたことを意味します。これはまさに特別であり、非常に価値のあることだと思います。

私の剣道人生は、多くの試練を伴ってきました。八段に昇段した後も、難しい時期があり、東西対抗戦などで勝利を収めることが難しい時期があり、東西対抗戦などで勝っていたのに、今は難しいね」と上級の先生方から厳しい言葉をいただき、悔しい思いをしたこともありました。しかし、これらの経験が私の成長に結びついたと思っています。

八段選手権で優勝した後、全国や海外から無数の祝福の言葉や電話、メッセージを受け取りました。

八段選手権のチャンピオンという栄誉は、私の人生における最高の贈り物であり、多くの場所を訪れる機会を与えてくれました。この優勝というタイトルは、私にとって非常に価値があり、誇りに思っています。

しかし、この誇りや称号を持つこと自体が目的ではなく、剣道を通じて何を伝え、広めるかが大切です。

称号を得て以来、「八段戦チャンピオン」として紹介されることが多いのですが、名前やタイトルそのものが重要なのではなく、それを背負う責任の重さを感じています。

私と古川先生と弟

剣道を通じて何を伝え、どのように社会貢献していくかに自信を持って取り組んでいます。この称号を大切にしながら、剣の道で学んだことを社会に還元していくことを心から願っています。

乗り越えたいじめ問題

学校現場での生徒指導は、多くの困難な状況に直面します。私自身、生徒間のいじめ問題に直面した際、その重圧に耐えかね職を辞そうと考えた経験があります。

問題解決後、私に向けられた批判の声が耳を塞ぎたくなるほどで、尊敬されていた「先生」の立場から一転、「顧問を降ろせ」との声が挙がりました。この時、私は学校を去ることを真剣に考えました。

その時期、言葉にできないほど辛く、地獄のような日々を過ごしました。親を思わせるものを見るだけで、汗が吹き出し、体が震え、涙が止まらなくなるほどでした。「もう辞めるか」と家族に相談したところ、「お父さんもういい。そこまでやっているんだから」と私に寄り添って共に悩み、考えてくれる事が逆に励みとなり、学校を続ける決断をしました。剣道で培った精神力が、この困難を乗り越える助けになりました。

私は逃げずに正しい道を歩み続けることを選んだのです。

この苦悩を他の先生方は知りませんでしたが、生徒たちはさまざまな人に私のことを心配して話してくれていたようです。それを後に知った時、私は彼らに深く感謝しました。

彼らの支えがあったからこそ、私は困難を乗り越え、八段戦で優勝することができたのです。

病院での治療と薬の服用を続けながらも、剣道の教え子や慕ってくれる子供たちが私を必要としていることを感じ、彼らを支え続ける決意を新たにしました。

私は、すべての人々、良い子もそうでない子も、皆を支える役割が教育者にはあると信じています。

困難に立ち向かう

苦境を乗り越える過程で、多くの人々が私の支えとなりました。彼らは私の信念を理解し、共に問題に立ち向かう意志を示してくれました。大多数の親が協力的であり、私にとって大きな力となりました。

この経験を通じて、どんなに困難な状況にあっても、生徒たちを見捨てず、共に成長し続けることが教育者としての私の使命だという信念をさらに強くしました。

生徒とその親が直面する人的トラブルは、過去の繰り返しのようです。被害者であれ加害者であれ、反省すべき点はあり、それを誠実に受け入れる態度が求められます。

いじめ問題が繰り返される一因は、指導者が厳しい指導を躊躇するからです。解決策として、政治を含む社会全体で弱者を支援する体制を強化し、問題の原因を明らかにした上で、適切な教育やサポートを提供することが必要です。

家族も似たような悩みを抱えることがあります。子どもを保護することの重要性を感じつつ、厳しい指導を行うことができないジレンマに直面しています。この状況を克服するためには、家族や個人が安心して相談できる組織の存在が重要です。

かつての「喧嘩両成敗」の考え方と異なり、現代では被害者と加害者を明確に区分し、被害者への配慮が重視される傾向にあります。しかし、この変化が個人の成長を妨げていると感じることがあります。

弱者を守り、育てる体制は、教育の枠を超えて設けられるべきだと考えます。

教育現場では、困難を乗り越えるべき時があり、苦境を経て新たな教育アプローチが生まれることもあります。生徒や保護者の苦悩に共感できる教師の役割が、今日ますます重要視されています。

若い教師も悩むことがあるかもしれませんが、その経験を通じて教育界に貢献する機会があります。親、学校、生徒自身が協力し合い、互いの成長を支えること、そして困難な経験も教育の一環として語り、共感し合うことの重要性を、私たちは理解し、実践していくべきだと考えます。

栄花ファミリー

顔で笑って

私の家は剣道一家ではありませんが、商人として他人の心を理解し、厳しさと優しさを兼ね備える両親のもとで育ちました。これが私の原点であり、普通のサラリーマン家庭では学べない大切な教訓を両親から学んだのです。

負けず嫌いの私ですが、信条として「常に笑顔を絶やさないこと」を心がけています。商売をしていた父からは、「顔で笑って、心でこの野郎」と言う言葉をしばしば耳にし、その精神を受け継ぎました。

大学時代には、年末や正月にスキー場のホテルへ荷物を運ぶ手伝いをしていました。猛吹雪の中で荷物を運び終えた後、ホテルやスキー客から、「何やってるんだ！　遅いじゃないか！」と叱責されることがありました。そのような時、私が「すいません、これどこに置いたら良いですか？」と尋ねると、横柄に「そこに置け」と言われました。

家に戻り、その悔しい経験を父に話した時、父はこう教えてくれました。

「英幸、商売ってそんなもんだ。でもな、そこで『毎度様です、ありがとうございました』って言うんだ。腹の中で『いつか見ていろ』と思え。悔しいけど、笑って『絶対にこの人には負けない』って思って続けろ」。

この父の言葉は、今も私の心に深く刻まれています。悔しい時でも笑顔で接し、「絶対に負けない」という強い決意を持って取り組むことの重要性を、父から学びました。

短気で厳しい性格の父ですが、困難な状況でも「ありがとうございました」と笑顔で言うことのできる人です。

商人として、お客様のために尽くすことを何よりも大切にし、例えば、ラーメンを配達する際には、他社の商品を先に丁寧に並べるなど、お客様への配慮を欠かしませんでした。「味で勝負する」という強い意志を持ち続けた父の姿勢から、商売人として、そして人として大切な教訓を学びました。

弟と父と私

親の姿勢が子供に与える影響の大きさを、私は深く感じています。

試練を超えた家族の絆

親というのは、やはりすごい存在です。世界中を見渡しても、私の父のような人は他にいないと確信しています。

私自身、両親を見ていると、こんなに素晴らしい夫婦はいないといつも感じています。そんな家庭で育った私と弟は、父のおかげで日本一になれたと心から思っています。

父自身が日本一のものを持っているわけではありません。しかし、私たちを日本一に育て上げた父は、まさに並外れた人間です。

父の苦労や努力、そして夫婦喧嘩の最中でも、お客様には常に「いらっしゃいませ」と笑顔で接していた姿を目の当たりにしてきました。そんな父の姿勢から、「親父は本当にすごい」と深く感じています。

ある日、父が粉を加工する作業中に事故に遭いました。粉を細かく砕く作業をしていた際、機械のプロペラで指を、爪のギリギリまで切断してしまいました。

その時、私と母はたまたま友人宅におり、「大変だ！」との連絡を受けて作業場に急行しました。父の指は手袋の中に残っていましたが、作業を休むわけにはいきません。

その時の記憶は今も鮮明に残っています。

「英幸、粉は何対何で置け。水は何リットル入れろ」と父は指示を出し、私たちは黙って作業を続けました。母はローラーから流れ出るそばやラーメンを箱に詰め、私は父の代わりに作業を担当しました。

家に戻ると、弟が夕飯の準備をしてくれていました。

この経験は、家族が一致団結した瞬間として、

両親と兄弟と子どもたち

今思い返しても感動で涙があふれます。

言葉を交わさずとも互いを理解し、支え合えたあの瞬間は、まさに神様からの贈り物だったと感じています。

この経験を通して、私たちはどんな困難も乗り越えられる強さを学びました。そして、家族の絆はより一層深まったのです。

母の温かい支え

我が家では、母が常に温かい支えでした。

父の厳格さとは対照的に、母は私の抱える悩みや困難に対して常に優しく寄り添ってくれました。

子ども時代、父によって池に投げ込まれた際も、母はためらうことなく私を救い出してくれました。父の怒りを恐れずに、いつも私の味方でいてくれたのです。

母の優しさは時に父の厳しさと衝突し、父によって暗い室《むろ》に閉じ込められた時も、母はこっそりと私を助け出してくれました。その行為が父の怒りを招くことがあっても、母の愛情は変わりませんでした。

年月が経ち、家族の中で父の立場も変化し、厳格だった父も母の前ではやや控えめになりました。父の母への尊敬と愛情は、時折見せる短気さの中にも、明らかに感じられました。

今、社会人となった私は、家庭における母の大切さをより深く感じています。

父は母が少しでも困ると、すぐに対応します。この様子が私たち家族に、母を尊重する雰囲気を育んでくれました。

電話をすると、父は「お母さん」と言って、すぐに渡します。母はいつも私たちとの会話を楽しんでおり、それは家族にとってかけがいのない時

母と私

間です。

父は過去、私たちを育てる中で支えとなり、時に厳しい役割を担いました。これは夫婦間の暗黙の了解となっていました。夫婦喧嘩もありましたが、現在母は「お父さんはね」と私たちに優しく話してくれます。父が趣味で畑を耕す今、母は「これ、お父さんが作ったんだよ」と誇らしげに言います。

母が作った料理を食べ、私たちが感想を言わなければ、「美味しくないの？」と心配し、「美味しい」と言うと、母は喜びを隠せず「本当？」と何度も繰り返します。そのやり取りを見て父も喜びます。

このような両親のもとで育ったことを深く幸せに感じています。両親は家族の絆と愛情の象徴であり、母を大切にする家族の雰囲気に心から感謝しています。

父からは母を尊重することを学び、母は家族との会話の大切さを常に教えてくれます。家庭の中心である母の存在は、私たち家族を温かく支え続けています。

家族をつなぐ茶碗蒸し

茶碗蒸しは私たち家族にとって、単なる料理を超えた存在です。それは家族の歴史と共に紡がれた、思い出深い味わいを持つ特別な一品で、その甘く、柔らかな風味は、私の心に深く刻まれています。

母は料理に対して常に創意工夫を凝らし、ヨーグルトを使った創作料理や美しい食器の選択を楽しんでいます。

茶碗蒸しには、白滝、栗、鳴門、竹の子、椎茸、鶏肉を加えることで、これらの食材が織りなす独特の味わいが私の舌を虜にします。

正月には家族が集い、母は丹念に茶碗蒸しを作ります。

かつて年越しには、母の手作り料理で満ちた重箱が食卓を飾りました。大晦日には、母の料理であふれる食卓が、今も私の記憶に生き生きと残っています。

年末になると、仕事から戻った母が茶碗蒸しを作り始め、その完成を家族全員で待ちわびるのが楽しみでした。父は年末のこの時を利用して、一年間の感謝を私たちに伝えました。成長するにつれ、これらの瞬間は私にとってかけがえのないものになりました。

時代は変わり、惣菜やオードブルの購入が増え、手作りの温もりが少し減少しましたが、これら家族の時間はすべて母の愛情によって築かれたものでした。

結婚し、自分の家庭を持つようになってからは、妻も力を合わせて新しい家族の伝統を築き上げています。

現在、実家に帰らずに我が家で年越しを迎える際には、私が「今年もみんなで頑張ったね」と家族に言葉をかけます。時代が変わっても、家族の絆と母の愛情が込められた料理の記憶は、私の心の中で決して色褪せることはありません。

父の生き方に学ぶ

父が営んでいた製麺業は、さまざまな人々との出会いに彩られ、父の人生を豊かにしました。お客様はもちろん、取引先、仕入れ先など多くの交流を通じて、父は貴重な経験を積み重ねました。時には叱責されることもありましたが、これらの経験が父の商売人としての厳しさと寛容さを養いました。

父の人生は苦しみや悔しさ、そして喜びが交錯するものでした。しかし、どんな時も諦めないその姿勢は、私が剣道で学んだ「次へ進む」精神と重なります。

父からは、困難に直面しても決して諦めず、一つの道を貫き通す強さを学びました。父は私の高校時代、剣道に熱中していましたが、剣道をまったく知りませんでした。それでも、私の試合内容が悪かった時には、非常に厳しい言葉をかけてきました。たとえ勝っていても、「気持ちが入っていない」と言われることがよくありました。

試合の結果によっては、帰りの車の中で会話が全くないこともありました。そのため、試合後、母に「今日お父さん、機嫌いい？　悪い？」と尋ねる習慣ができてしまいました。

そんな父を深く尊敬し、信頼しています。父との関係は、歳を重ねても変わらない大切なものです。商人として、そして一人の人間として、父は私に深い影響を与えています。

七十歳まで製麺業を続けていましたが、その前から母が「もう疲れた、やめよう」と言い始めました。体力的にどうなのか、二人は相談し、ついに引退する決断をしました。父はこの歳になるまで商売をやりきったのです。

その後はパークゴルフに情熱を傾けることで新たな人生の章を開きました。勝負事への情熱は、商売人だった父にとって自然な流れでした。悔しさを味わうたび、より良くなるために研

私と両親と弟

究をし、家で練習する姿がありました。

喜茂別には町民公園のようなパークゴルフ場があり、父はそこで時を過ごします。地元のクラブに所属し、遠征にも出かけるようになりました。母がお弁当を持って同行し、夫婦で楽しむ姿は、私にとってとても微笑ましいものでした。

母は、父がパークゴルフで優勝したトロフィーを誇りにしており、家にはそのトロフィーが一番目立つ場所にあります。私たち兄弟のトロフィーよりも前に置かれているのです。

父は厳しいけれど、本当は心優しい人で、常に理にかなったことを話し、結果を出してきました。剣道はしませんが、仕事に対しては非常に熱心で、研究心があります。そして、家族を大切にしています。

両親の存在がなければ、私はここにいません。私たち兄弟が成し遂げたことも、すべて両親のおかげです。

特に父の生き方と教訓は、私が自分自身の道を進む上での貴重な指針となっています。父との関係は、年を重ねても変わらない大切な宝物です。

私にとって、父の生き方は、困難に立ち向かい、人生を豊かにする方法を教えてくれる、永遠の道標なのです。

弟・直輝

私にとって弟・直輝の存在は、計り知れないほど大きな意味を持ちます。弟が示す並外れた情熱、不屈の意志、妥協を許さない姿勢、そして飽くなき研究心は、私が簡単に真似できるものではありません。これらのすべてが、弟への深い尊敬の念を抱かせます。

私たちの間の競争、そして時に感じる悔しさは、私を成長させ、彼をより認め、尊重することにつながりました。剣道を通して、弟の努力と情熱を間近で感じることができ、彼の剣道に対する真摯な姿勢から多くを学びました。

弟の努力を目の当たりにし、その言葉を聞き、全身で感じたことで、彼を誰よりも理解したいと強く思っています。

私が八段戦でチャンピオンになれたのは、弟が前の大会で優勝したおかげです。彼の言葉や行動が心に残り、強くなるための助けとなりました。

私たちは三歳違いですが、幼い頃から非常に仲が良く、ビー玉や面子、竹馬、野球など、さまざまな遊びを一緒に楽しんできました。野球では、家の壁にボールが当たったらホームラン、といった自分たちでつくったルールで遊び、兄弟としての絆を深めました。しかし、遊びの中で必ず喧嘩が勃発するのもお約束でした。勝ち負けを競うことで、お互いの負けず嫌いな性格がぶつかり合い、取っ組み合いの喧嘩も珍しくありませんでした。それでも、互いに本気で取り組むことで、強い絆が生まれました。

今では、ゴルフなどのアクティビティを楽しむ際、私が怪我をしていることが多いため、弟がリーダー的な役割を果たしてくれます。

一緒に講習会に参加したり、部屋で飲み物を楽しんだりする時間は、私たちにとって特別です。

他の人からは「仲がいいね」とよく言われますが、兄弟だからこそ、喧嘩やさまざまな挑戦も経験しています。私たちは剣道を共有し、一緒に苦労してきた経験を持っており、お互いの尊敬と理解が深まっています。その関係は、単なる兄弟を超えて、最も身近で尊敬できる人間関係です。

徹底的に目標に向かって努力する人は稀だと思います。その希有な例が、私にとっては弟の直輝です。

弟は、私を見上げ、偉大な兄貴として尊敬してくれています。その尊敬が、彼自身の努力を促しているようです。

弟（直輝）と

剣道において弟に技術面で抜かれることもありますが、弟が活躍し、成長する都度、私にとって大きな喜びとなります。

弟も喜茂別から東海大四高、そして東海大学へと進み、現在は警察官としてのキャリアを築いています。もともとは教員を目指していましたが、「兄ちゃんが言ったから警察官になった」と言っています。私が北海道のためには警察で力をつけるべきだとの信念があり、その思いが弟に伝わったのです。

ＮＨＫテレビのドキュメンタリー『ただ一撃にかける』では、世界大会に挑む弟の努力と成功が描かれ、弟の剣道に対する献身ぶりが世界に示されました。

多方面での活躍と様々な人々との出会いは、弟を達者な話術家にしました。真似できないほどの成就ですが、それだけに尊敬と憧れの対象です。

今では、「栄花」と言えば直輝の名が先に思い浮かぶほど、彼は各方面で活躍しています。

弟の成功は私の大きな喜びであり、彼のサポーターとして情報提供や助言を通じて支え続けたいと思っています。

私たちは、栄花英幸・直輝ではなく、栄花兄弟として共に歩むことを望んでいます。

これは私たちの両親にとっての最大の親孝行であり、私たち自身にとっても重要なことです。

これからも、弟と共に、栄花兄弟としての絆を深め、支え合いながら前進していきたいと思います。

結婚と生徒との共同生活

私の結婚物語は、幼稚園からの幼なじみである彼女との出会いに遡ります。幼稚園、小学校、中学校と、長い時間を共に過ごし、互いのことをよく知る仲でした。

結婚への道のりは、大学卒業後、社会人となった私が、彼女から突然電話を受けたことから始まりました。一人暮らしの静けさを破る彼女からの夜遅くの電話に、「懐かしい」と感じ、彼女のアパートを訪れることにしました。その訪問が、再び交流を深め、やがて私たちを結婚へと導きました。

大学の同級生の中で、私が最初に結婚したことは、大事件でした。私たちの結婚式は北海道で盛大に行われ、多くの同級生たちが集まってくれました。その夜、私は幸せのあまり深く酔いしれ、ベロベロになってしまいました。しかし翌朝、朝稽古に参加した後、私たちはハワイへと新婚旅行に出発しました。

新千歳空港で、同級生たちに見送られながら、私たちは新しい人生の旅立ちに胸を躍らせていました。

二十五歳の年、二月十八日に、私たちの人生における新しい章が始まったのです。妻には数え切れないほどの苦労をかけてきました。全日本選手権のような大規模な大会が終わる度に、「やっと解放される」と彼女が感じていたことを、後になって知りました。

大会に向けての緊張感やプレッシャーが、家庭内にも殺気立った雰囲気を生んでいたようです。

私が創成高校に就職すると決まった時、そのことを知った久保内と壮瞥の二人の生徒が一緒に入学したいと希望しました。当初は妻と二人でアパートに住んでいたのですが、彼らの入学を機に、一軒家を借りて下宿させる生活を始めました。やがて他の生徒も加わり下宿する生徒が増えていきましたが、アパートの持ち主が戻ってくることになり、私たちは新しい住居を探す必要に迫られました。

その結果、現在の家を建てることになり、その場所が大下勝市校長先生の家のすぐ近くだと後で知りました。新しい家が完成してからは、毎朝校長先生を迎えに行き、共に出勤する日々が始まりました。

剣道の練習や試合で家を空けがちな私の代わりに、妻は生徒たちの面倒を見、食事の準備などをしてくれました。

時には、私の依頼もないのに生徒との面談を行うなど、彼女の献身的な姿勢には本当に感謝しかありません。

「ありがとう」。

妻は下宿していた生徒たちの試合を見に来てくれることもあります。教え子たちは当然、私に挨拶をしますが、下宿生たちは、真っ先に妻に挨拶をすることが多いのです。その親たちからは、「奥さん、奥さん」と温かく声をかけられます。

卒業式では、生徒たちが私にではなく、妻に花束を贈ることがしばしばあり、これは私にとっても大きな喜びの一つです。

全日本選手権出場の際には、一度だけ妻と二人の子どもを大会に連れて行きましたが、残念ながら試合には敗れてしまいました。

試合後、家族でディズニーランドに行ったものの、私が試合で疲れていたため、最後のパレードを見ずに退園することになり、「ディズニーランドにせっかく行ったのにパレードを見せてくれなかった」と、妻は今もたまに不満を漏らします（笑）。

家族と剣道

平成元年（一九八九年）に生まれた私の娘は現在、保育園の先生として、子どもたちの成長に寄り添っています。息子は平成六年（一九九四年）生まれで、今は釧路市で働いています。

特に息子は、高校入学以降、剣道で顕著な実績を残し、二度北海道代表として国体に出場しました。その後、彼は私の歩んだ道をたどり、東海大学に進学しました。

息子は性格が優しく、剣道を始めた当初は大変だったと言います。父親が剣道の経験者であることから、大きなプレッシャーを感じていたようです。私は彼が自らの道を見つけられるよう、積極的な指導は控えましたが、結果的に彼の成績は思うようには伸びませんでした。

実は、息子に剣道をやらせるつもりはありませんでした。野球やサッカーなど、他のスポーツに打ち込んでほしいと考えていましたが、彼が小学校五年生の時に、自ら「剣道をやりたい」と希望しました。妻は、剣道の厳しさを心配し反対しましたが、私は息子の意志を尊重し、「やるなら真剣に取り組む覚悟が必要だ」と剣道に本気で取り組むよう促しました。

剣道は厳しいスポーツであり、辛いことも多いのです。気が弱い一面もある息子が、涙を流しながら努力を重ねる姿に、妻と共に感動を覚えました。

私が部活動などで忙しかったため、家庭内でのサポートは妻が担当し、涙を流しながらも息子を支え続けました。

息子は高校進学先を、私の勤める北海道恵庭南高校に決めました。

「だったら、お前覚悟しろよ」と、私は彼に剣道への真剣な取り組みを伝えました。

息子は大柄なので、中段の構えから、上段の構えに変更させました。

彼は一生懸命に努力しました。剣道の道場では私が指導者であること、学校や遠征先では普通の生徒として接することを理解しており、その区別をはっきりしていました。

学校に行くと「はい。はい」。どこかに遠征に行き私の部屋に入る時は、トントン、「栄花失礼します」と言って入る。登下校は一人で電車を使って通うなど、自立心を養うための環境づくりをしました。

家族としての時間も大切にし、剣道以外の時間では普通の父と子の関係に戻り

私と弟と子どもたち

ました。私の車に乗せて家に急いで帰ることもあり、車に乗った瞬間、「お父さんコンビニに寄って」とリクエストがあるなど、親と子の関係に戻るのです。

私自身は子育てにおいては特別な教育を施していませんでした。していたのはすべて妻でした。

息子も娘も、何も指導や教育を私から受けていなかったにも関わらず、彼らから「お父さんの言葉は魔法だ」「お父さんすごい」という言葉を聞きました。息子は剣道を通じて、娘は保育園や幼稚園、そして教育の現場での経験を通して、私への敬意を示してくれました。

私は子育てにおいて、オムツ替えや他の日常的な世話をまったく行わなかったので、妻は大変だったと思います。その点については本当に申し訳ない気持ちでいっぱいです。しかし、娘から「お父さん、人を指導するって大変。お父さんすごいな」と言われたこと、息子からも「お父さんすごい」と認められたことは、私にとって大きな励ましであり、この上ない幸せでもあります。

妻が家庭を支え、子どもたちと私の間の架け橋となってくれたことに、心から感謝しています。私たちの家族物語は、剣道を通じて、より豊かで意味のあるものとなりました。

ゴルフと剣道

私の趣味はゴルフですが、剣道の素振りやゴルフのスイングの練習など、常にトレーニングに取り組む姿勢を維持しています。ゴルフの練習に行けない場合でも、自宅でもできるトレーニングに取り組んでいます。

ゴルフ場に行く機会はそれほど多くありませんが、スコアには振れ幅があり、九〇台を叩くこともあれば、七〇台で回ることもあります。

ゴルフの魅力は、練習と戦略を練る過程にあります。

コース戦略を練り、それを実行する過程で味わう成功と失敗が、ゴルフの醍醐味の一つです。失敗は次回の成功につなげるための貴重な教訓となり、次の一打への準備とイメージ作りに活かされます。これこそが最も楽しい瞬間です。

ラウンド前半では、ある程度のスコアを目標にしてスタートします。その目標通りに進むこともあれば、そうではない場合もありますが、最初は目標を持ちつつも、それを楽しむことが大切だと考えています。そして、練習場でのトレーニングや準備を通じて、各コースに挑むことを重視するのが、私のゴルフに対するアプローチです。

ゴルフと剣道は、本質的に異なる競技です。

ゴルフはスイングを振り抜くスポーツであり、ボールをどのように打つかが重要です。

一方、剣道は振りを止める動作が特徴であり、攻守のバランスが求められます。

しかし、ゴルフの練習をしていて、剣道の基本と共通点があることに気づきました。剣道と同様に、ゴルフも正確なフォームやスイングが重要であり、形を守ることが成功への鍵であるという点です。

剣道とゴルフの共通点

剣道とゴルフ、一見異なる二つの競技において、私は両者の深化に向けた共通のアプローチについて考えることがあります。

竹刀とゴルフクラブ、それぞれの特性や振り方を深く理解し、無駄のない力の使い方を追求することが、競技の究極のレベルへと導く鍵だと感じています。

剣道では、竹刀の特性を活かし、無理のない力で技を磨くことが求められます。この過程では、無駄のない動きを身につけることで、無の境地に近づくことができます。ゴルフも同様に、クラブの特性を理解し、無駄のない動きを身につけ効率的なスイングを追求することが重要です。

私は真駒内、羊ヶ丘、滝野カントリークラブのメンバーシップを持っており、この趣味を将来にわたって楽しむための投資と考えています。特に弟とのプレーを楽しみにしています。

ゴルフと初めて触れ合ったのは、東海大学卒業後、事務職として同大学に勤務していた時期です。当時は接待ゴルフが主で、競技への参加経験は少なく、特に上手ではありませんでしたが、社交場でのプレーを楽しんでいました。

本格的にゴルフに取り組むようになったのは、恵庭南高校に赴任した時です。学校にはゴルフ部があり、ゴルフの練習に適した環境が整っていました。早朝にコースで練習し、その後学校に出勤する生活を送りました。さらに、帰宅途中の室内ゴルフ練習場で基本的な技術を学び、基礎をしっかりと身につけました。

ゴルフはメンタルも競技成績に大きく影響するスポーツです。プレッシャーとストレスへの対処能力が、スコアに直結します。このメンタルの強化が、ゴルフの成功への重要な要素の一つです。

剣道を通じて得た人生の教訓

写真提供：剣道新聞

剣道は人生の軸

私の人生は、剣道を通じて形作られてきました。

時には仲間を牽引するリーダーとしての役割を果たしつつも、私は謙虚さを最優先にし、傲慢になることを避けています。

同級生たちは冗談めかして「お前は剣道では八段だが、人間としては初段だ」と言います。このような気取らない関係が私は好きで、そうした同級生を大切に思っています。「お前たちからは本当に学ばせてもらっている」といつも感謝しています。

私たちの間には、信頼に基づく深い絆が育っており、私は仲間たちから多くを学び、一緒に成長することを重視しています。

剣道が私の人生の軸であり、過去には試練もありましたが、それを乗り越えて、今では剣道を愛する多くの仲間に恵まれていることに心から感謝しています。

剣道にはプロの概念はありませんが、プロであるかのように剣道に深く打ち込むことの価値を信じています。

学んだことを仕事に活かし、剣道を通じて得た経験や知識を社会に還元することが、私たちの使命です。剣道を愛する人々が、その情熱を他の分野にも広げ、影響を及ぼすことを願っています。

互いに支え合う力

私が自己克服を遂げられたのは、側にいて支えてくれる人がいたからです。この経験から、他人を支える人間になりたいと強く思うようになりました。

人々が互いに支え合うことの重要性について深く理解しています。

誰かが困難に直面し、孤独を感じる時、その苦しみは一層深くなります。

私たちは互いを支え、助け合い、困難を乗り越えるべきだと考えています。辛い時期に隣にいて励まし合うことで、人々が自分自身の力を伸ばすきっかけを作ることができると信じています。

私の願いは、人々がいつでもサポートを受けられる環境にあることです。困難に立ち向かう勇気を持ち、決して諦めずに努力し続けることこそが成功への鍵となります。私はこの支え合う精神を広めることに、これからも力を注いでいきたいと思っています。

成功者もまた、多くの困難に直面しますが、それを乗り越えることで成功への道を開いたのです。諦める人々は、困難を避けるために進歩を止めてしまいますが、そうすると最終的には小さな挑戦にすら立ち向かえなくなってしまいます。

剣道の世界における多様性と学び

私の剣道人生を通じて、さまざまな職業に従事する人々との出会いに恵まれました。剣道を実践する人々は、警察官、刑務官、教員、実業団の選手たちが主であり、北海道では実業団の数は少ないものの、全国的に見ると特に関東地方に多くの実業団があります。パナソニック、富士フイルム、東洋水産、NTT、三菱商事など、多種多様な企業で剣道が行われています。

また、剣道とは直接関係のない仕事に就いている民間の方々も、自己の忙しい生活の中で、子どもたちに剣道を教えています。自営業者や消防士など、剣道教育に情熱を注ぐ人々の努力は、非常に価値があります。

しかし、自らも学び続けるべき指導者の立場を忘れてしまう人もいます。私は全国各地を巡り、指導者講習会で、指導者たちに対し学び続ける姿勢の重要性を伝えています。「合気」という概念を取り入れ、互いに教え合い、学び合うことの大切さを強調しています。剣道を教えることは単に技術を伝える以上の意義を持ち、教える側も学び続ける必要があると強く感じています。

挫折を乗り越えた成長の軌跡

人生は時に苦難に満ち、なぜこんなに苦しむ必要があるのかと自問自答した時もありました。勝利の後の空虚感、人々の裏切り、自分の名前を聞くだけで胸が痛む瞬間も経験しました。しかし、剣道を続けることで、そうした試練が最終的には救いとなったことを実感しました。

剣道を諦めていたら、今の自分は存在しないかもしれません。出会った多くの人々、共有した話、書籍に記された経験もなかったでしょう。

剣道を続けてこられたことに、心から感謝しています。何かを後世に遺せるなら、それは私にとっての大きな成果です。

この旅は、挫折や困難を乗り越え、持続することの大きな価値を教えてくれました。この道を進むことで、自分自身と剣道の真の価値を理解することができました。この経験が、これからも多くの人々に影響を与え、自己の成長に役立てられることを願っています。

失敗から学び、成長する

私たちは稽古や練習を通じて得た新たな挑戦に直面し、それらを乗り越えることで成長していきます。成功への道は、数多くの失敗を経験することからも開かれます。実際、成功者たちは失敗の数だけ成功に近づいていきます。一方で、失敗を恐れて挑戦を避ける人々は、成功への道を歩むことができません。

私自身も、多くの失敗や命を脅かすような困難に直面しましたが、剣道を通じて救われ、一つの道を貫くことの重要性を学びました。剣道が私の人生の基盤になっているからこそ、今の自分が存在するのです。

人生において、戻るべき場所の存在は極めて重要です。家族や剣道のように帰る場所があると、人は困難に立ち向かう力を得られます。

基本はすべての分野において重要です。何事も正しく真剣に学ぶことが、私たちが戻るべき土台です。

今の子どもたちは、時に迷い、最悪の場合は自らの命を絶つことさえ考えてしまいます。私たちは彼らに帰るべき場所を提供し、支えとなる必要があります。

剣道では、常に新しいことを学ぶことの重要性を実感しています。既存の知識や技術に頼るだけでは成長は停滞します。外に出て、さまざまな人から新しいことを学ぶことが必要です。他者から学ぶことで、稽古の厳しさを改めて感じることもありますが、この苦しさが新たな学びへとつながります。

特に、子どもたちに剣道を教える際は、彼らの苦しみや困難を理解することが重要です。自分自身を楽な立場に置くのではなく、彼らと同じレベルで共感し、共に苦しみを経験することで、より良い指導が可能になります。

教えることは、単に技術を伝えるだけでなく、生徒の感情や体験を共有し、理解することを含みます。この過程を通じて、剣道から深い教訓を学び、自身の成長を実感しています。

金八先生への憧れと「ミュージックステーション」出演

私はある卒業シーズンの特集で、テレビ朝日の「ミュージックステーション」に出演する機会がありました。この出演のきっかけは、金八先生に憧れて教員になった私を、インターネットで発見したディレクターの意向でした。放送後は、多くの教え子たちから連絡があり、「まだ先生をやってるのか」と、驚きや喜びのメッセージをもらいました。

この出演は令和五年（二〇二三年）三月にあり、国内だけでなく海外からも大きな反響を呼びました。

教え子たちは、半ば冷やかしを交えつつも「いやー、よく芸能界デビューしたな〜」と言い、「再会を楽しみにしている」「また一杯やろう」と連絡をくれました。そんな教え子たちも、もう四十歳を超え、親となっています。

番組では、私は金八先生への憧れについて語りました。『贈る言葉』は、卒業式シーズンの歌ランキングで五位に入るほど人気があります。

インタビューを受けたのは、田原俊彦や近藤真彦、三原純子、杉田かおるなどが出演していた『金八先生』の初期の時代についてです。この世代の俳優たちは私と同年代であり、彼らのエピソードも番組で取り上げられました。

一つの目標に集中する力

剣道を通じて学んだ教訓は、選んだ道に全力を注ぎ、決して中途半端にしないことの価値です。半端な取り組みでは成果を上げることが難しく、不確かな結果に終わりがちです。しかし、一つの目標に集中し、それを追求し続けることは、他の面にも肯定的な影響を与えます。

私の剣道経験は、単に特定のスキルを磨くことだけではありませんでした。困難な状況や逃げ出したいと感じる瞬間にも、家族や仲間という強固な支援が常に存在し、これらの経験から、「剣道を続けたことが、自分をここに導いた」との確信に至りました。

この教訓は、剣道界だけでなく、武道、スポーツ、学問、ビジネスなど、さまざまな領域に適用可能です。

一つに焦点を絞り、それに専念することで、いろいろな人々との深い関係を築き、出会いを価値あるものに変えることができます。

これらの出会いから学び、次の一歩を踏み出す判断をすることは、社会や他人の役に立ち、最終的には自分自身の幸福につながります。

剣道生活を振り返ると、小さな目標が積み重なり大きな目的に結びついていたことを認識しています。

私が剣道から見出した最終目標は、人類の平和と幸福、そして笑顔を広げることです。これを実現するため、剣道で学んだ精神と生き方を広く伝えたいと思っています。これは技術の伝授に留まらず、剣道の背後にある哲学や生き方を共有することを意味します。

一時的な幸せを追い求めるだけの人生は、終わりが早いと思います。継続して何かを追い求めることに、大きな意味があります。それが、多くの人々が成功するための道を照らし、より大きな価値を生み出すことにつながると信じています。

形のない剣法の旅

私の剣道人生は、怪我との闘いでもありました。体重が重く、しばしば無理が原因で怪我をしていました。怪我を防ぐ鍵は、休む勇気にありましたが、休むことへの不安も常に私を悩ませていました。特に、休んだ後に感じる勘の鈍りを恐れていました。

しかし、時間と共に、剣法に対する考え方やイメージが変化しました。かつては形にこだわっていた私ですが、徐々に形のない剣法へと移行してきたのです。

この過程で重要なのは、まず形を学び、その後、無心の境地に至ることです。有形から無形への移行を経て、最終的には無心に至ります。

剣道は、勝ち負け以上に日本文化の大切さや礼儀を教える場でもあります。剣道具がなくても、心があれば剣道は十分に実践できます。

例えば、新聞紙を丸めた素振りでも、剣道の精神を体現することが可能です。

競技性に囚われず、相手への敬意や感謝の気持ちを大切にすることが、武道の心です。

剣道では相手と対峙し、面などの技を練習しますが、競技性がなくても練習後に相手に感謝の意を示すことが重要です。「ありがとうございました」や「よろしくお願いします」といった言葉は、相手を敬う気持ちや感謝の精神を表します。これは武道の心の表れであり、剣道を学ぶ上で欠かせない要素です。

次世代にこのような教えを伝えていくことの重要性を、私は深く感じています。

気づかせる教育の力

大学時代、足の怪我に悩まされた経験があります。特に肉離れが多く、捻挫も経験しました。そんな時、辛さを感じた際に怪我を言い訳にしてしまう自分がいることに気づき、他人と同じように言い訳をしている自分を見つめ直しました。

この経験から、言い訳をする人や、逃げたいと思う人の気持ちを良く理解できるようになり、そうした人々への適切な練習法や指導方法を考える必要性を実感しました。

練習が厳しくなると、選手たちも時には限界を感じることがあります。そのような時、「もう少し頑張ればいいのに」と思うことがありますが、適切な時に休息を取ることの重要性を、私は理解しています。たとえ選手が「もっと練習したい」と言っても、「今は休むことが大切だ。

休むことで、明日は変わるから」とアドバイスすることで、選手は翌日新たな気づきやモチベーションを得ることがあります。

このアプローチは、選手の意識改革を促し、内面からのやる気を引き出すことを目指します。ただ教えるのではなく、選手が自ら気づくように導くことが大切であり、選手が自分で得る「気づき」が、真の学びにつながります。そのためには、教えるよりも「気づかせる」教育が必要です。

自分自身で考え、自己をコントロールする力を身につけることが、教育における重要な役割を果たします。これが本物の学びにつながると信じています。今後も、このような教育アプローチの必要性を強調していきたいと思います。

そのうち分かる

教育において、「ありがとう」と単に言わせるだけではなく、なぜ感謝すべきなのかを理解させることが重要です。このアプローチにより、学びの本質的な理解が深まります。私は、現代の教育において、このような方法が特に必要だと考えています。

古川先生から教育を受けていなければ、私は今の自分になっていなかったでしょう。過去に受けた厳しい指導は、私の成長を促しました。

かつて、「そのうち分かる」という言葉がよく使われました。この言葉には、単なる逃避ではなく、「自ら気づくまで待つ」という深い意味が込められています。私自身も、時間をかけて多くのことを理解するようになりました。

「そのうち分かる」という言葉の使い方は、教える人によってその意味が変わることがあります。すぐに回答を与えず、自分で理解するまで待つことの重要性を、時には認識する必要があります。ただし、その理解に至るまでの努力も不可欠です。このような学び方を通じて、私は多くを学びました。

剣道から学んだ人生の教訓

私の両親は大きな体型ではありませんが、私自身の体格は両親と異なります。弟も身長が一七〇センチ程度です。

私は、高校入学時には体重が九三キロありましたが、入学直後の激しい稽古で七八キロまで減量しました。大学入学時には体重が再び増加し、卒業後、全日本剣道選手権に出場した際には一二〇キロに達しましたが、登録では一〇八キロと申告しました。なぜかそうしたかったのです。その時、解説では「一〇八キロの大きな体で」と言われましたが、大きな体格にも関わらず、私の動きは俊敏でした。今、身長は一七六センチですが、膝の怪我で少し縮んでしまいました。

剣道の長い道のりを、弟と共に振り返る時間があります。素晴らしい指導者と良い環境に恵まれたことを感謝しつつ、自分たちの努力が何よりも重要だと常に感じています。

お酒を飲みながら、この話をよくします。先生方が私たちに教えてくれたこと、良い環境に送り出してくれたことへの感謝と、苦労しながら諦めずに続けた自分たちを誇りに思います。

若い世代に苦労話をすると、驚かれます。教える人が一〇〇人いても、わずか一人が心で感じてくれれば、その一人は必ず何かを成し遂げるでしょう。だから、人々の心に少しでも影響を与えたいと思っています。

私の人生の成功も失敗も含めて、自分のものであり、その経験を伝えることが私の使命だと感じています。国会議員や官僚のような形式的な話し方ではなく、自分の言葉で伝える力を持つようにし、親から命を受け継いだそのままの自分を、失敗も含めて人々に伝えていきたいと思います。

逃げたくなったり、行きたくなかったりする気持ちも、すべて人生の一部です。でも、信じて進めば、たとえ九九人が敵であっても、一人の味方がいれば成功できる。だから私は、共感できる人が一人でもいれば、自分の役目を果たせると信じています。

剣道は私の人生において、ただの一芸に留まらず、生き方そのものを教えてくれました。厳しい訓練と規律が、最終的には大きな幸せをもたらすのです。

剣道を通じて学んだ教訓は、私の人生の指針となり、さまざまな人々との関わりの中でその価値を実感しました。

朝稽古の価値

札幌で行われる伝統的な朝稽古は、私にとって非常に重要な場でした。この朝稽古は、以前、中央体育館で行われていましたが、現在は北ガスアリーナで開催されています。正式な稽古は午前六時から六時半に始まり、一時間以上続きます。私は、この時間に合わせて積極的に参加しています。

私の指導スタイルは、子どもたちだけでなく、自分自身の課題にも取り組みながら指導する方法です。現役時代も、この方法で稽古を重ねてきました。

警察官は、自分たちの訓練の一環として稽古に臨むため、我々とは練習量が違います。しかし、私は毎日の稽古を続けることで、量的な差を言い訳にしないよう心がけてきました。

剣道の序列と無形のバッジ

剣道の世界では、「打った、打たれた」の応酬は基本中の基本とされています。有効打突を獲得することは当然の目標ですが、高位に上がるにつれ、単純な打突の精度だけでは不十分となります。先生方の厳しい視線は、打つ機会、気迫、オーラなど、技術のより深い次元を求めています。

剣道では、打突の音だけがすべてではありません。心を込めた技、相手を引き出す駆け引き、そして相手とのやり取りの中で自己を見失わずに相手を導く技術こそが、私たちが追求するものです。これらは言葉では表現し難い、感じ取るものですが、それが剣道の真髄だと私は考えています。

この道を極めるためには、すべてを完璧にこなす必要があります。特に、八段審査は非常に厳しく、一次審査を通過するだけでも大変な努力が必要です。そして、さらに厳しい二次審査を通過することは、一層困難です。一次審査で選ばれた者は、さらに優れた剣士の中で競争を続けなければなりません。

全日本チャンピオンであっても、審査に落ちることは珍しくないという事実は、剣道における段位システムの厳しさを物語っています。

私の住む北海道には、範士七名を含め二二名の八段剣士がいると聞いています。

剣道の段位の世界は、独特の階層制を持っており、現在九段や十段は存在しませんが、範士という特別な称号があります。

段位では八段が実質的な最高位です。八段は技術と実力で「取りに行く」ものですが、範士の称号は異なり、実技だけでなく、指導や功績に対する長年の貢献が認められて「いただく」

もので、全日本剣道連盟によって認められた結果、授与されます。

教士の称号には試験がありますが、範士の称号はこれまでの成果全体が評価されるのです。

この世界では、序列が非常に重要で、八段を取得していても範士の称号を持つ者には及びません。

私自身の八段への道のりは長く険しいものでしたが、その達成により、かつて私より上位だった方が、序列上では私の下に位置するようになりました。しかし、範士の称号を先に取得した方は、私が先に八段を取得していたとしても、常に上位にいます。

剣道界の序列は理解し難いかもしれませんが、剣道内では絶対的なルールとして機能しています。

剣道では、年齢ではなく、段位が序列を決定します。

セレモニーの際、内容にもよりますが例えば先輩の先生であっても、段位が上である私は上座にいなければなりません。これは私にとって必ずしも快いことではありません。

柔道の黒帯のような明確な印が存在しないため、私たちの間では、誰が八段であるかは、しばしば推測の範疇にとどまります。剣道における段位は、見えないバッジのようなものです。

外部からは見えませんが、私たち剣道家の間では明確に理解されており、私たちの技術、経験、そして教育への貢献を象徴しています。それは、技術的な能力を超えて、剣道家としての人格や指導能力も反映しています。

剣道の序列は、単なる格式や地位の表示ではなく、互いに対する尊敬と敬意の表れです。私たちはこの無形のバッジを持つ者を尊重し、彼らの経験と知恵から学びます。そして、私たち自身がその地位に達した時、次の世代に対する同じ尊敬と教育の責任を担うことになります。

剣の道は、技術の習得だけではなく、人としての成長や他者への知識の伝承をも含んでいるのです。

守破離

高校時代、剣道の稽古の汗と共に、「守破離」という言葉を恩師から学びました。この言葉は、もともと茶道や武道の世界から来たものだと聞いています。

「守」は基本を学ぶ段階、「破」は学んだことを越えて新たな工夫をする段階、そして「離」は学んだことを自らのものとして育て、一つの境地に達する段階を意味します。

この過程は、まず正しい基本を学んで真似ることから始まります、その後、学んだことを越えて新たな工夫を重ね、応用を加えていきます。最終的には、これらの学びから一歩外へ踏み出すのです。

八段を取得し、剣道本来の目的を追求できるようになった今、剣道で学んだ基本の重要性を再認識しています。

基本は、剣道に限らず、挨拶や日常生活においても同様に重要です。この学びは、剣道の世界だけでなく、日常生活全般にわたっています。

「守破離」の意味を深く理解するには、それぞれの段階を自分自身で経験し、内面から深く感じ取ることが必要です。これらの経験を通じて、剣の道を歩んできたと実感しています。

基本に忠実な間は、最終目的を考える余裕はありませんでした。しかし、人生を通じてさまざまなことを学び、基本の大切さを実感し、諦めずにここまで来ることができました。

「離」を意識するようになったのは最近のことですが、今は学んできたことを他者のためにも活かす必要性を感じています。剣道を通じて学んだことは、技術や形式を超え、人々の幸せに貢献するものだと理解しています。

剣の道を歩むことで、人のために何かを成し遂げられると信じています。これが、「守破離」

から学んだ教訓の真髄です。

正しさ、模範、そして伝統の尊重

剣道の「守破離」哲学における「離」の段階について深く思索しています。この段階への到達とその深化には、絶え間ない努力が必要だと感じています。特に、勝利を最優先とする現代の剣道へのアプローチに対して懸念を抱いています。

全日本剣道連盟の指導者として、正しい道を示す責任が私にはあります。剣道の「かっこよさ」も大切ですが、技術や見た目以上に剣道の本質を伝えることが重要です。

剣道は、相手に剣を向ける行為を通じて自己と向き合うものであり、「正々堂々」という精神で剣を振るうことが肝要です。この精神を養い伝えることが、「離」の段階へ真に到達するための鍵です。

剣道は、技術的側面だけでなく、茶道や華道、柔道など、他の「道」と共有する精神的要素を持っています。これらの「道」は、日本の伝統心と文化を象徴し、武士道や相撲道と同様、織田信長、豊臣秀吉、徳川家康の時代から平和への移行を象徴しています。

剣道における「間合い」は、剣士同士の関係だけでなく、人間関係にも適用される概念です。間合いを尊重し、それを人間社会に適用することで、剣道の教えを日常生活に活かせると考えています。

西洋の影響を受けつつも、日本の心を学び、維持することの重要性を感じています。すべての分野で正しく振る舞い、模範を示すことが、勝利そのものよりも価値があると信じています。大谷選手のように、技術面だけでなく、日本の心や所作を体現する人物には、特に深い尊敬の念を抱いています。

礼儀と敬意

高校で保健体育の教師およびホームルームの担任を務める中、剣道の授業を通じて学生たちに道徳教育の重要性を伝えています。

剣道では、技術の稽古だけでなく、礼儀と相手への敬意を重んじる精神を育むことに特に重点を置いています。

対戦相手との礼は、勝負の結果を超えて、「ありがとうございました」という感謝の気持ちを表現することに他なりません。

剣道が直接神道と関連しているわけではありませんが、神棚のある道場も少なくありません。この神前での礼は、神道そのものというよりは、神様への敬意を示す行為です。

海外での指導では、神前への礼を省略し、道場への感謝を強調した指導を行っています。

道場に入る際は、道場自体とその中にあるすべてのもの、そして自分自身に対して礼を捧げます。

試合や重要な瞬間には、神頼みをすることもあります。この「どうか力を貸してください」という心の叫びは、緊張する瞬間に自然と湧き上がるものです。

特に最近の八段の試合で優勝した時のように、試合で勝つためには、「ここまでやってきたことを表現しよう」という気持ちが強く働きます。何かにすがりたくなる瞬間もありますが、これは勝負の世界において自然な感情だと受け止めています。

夢実現

幼い頃から剣道の世界で育ち、「夢実現」を座右の銘に掲げてきました。諦めなければ夢は必ず実現するという信念が、私の行動指針です。単純な言葉かもしれませんが、私の周りの人々もこれに共鳴し、「夢実現」という言葉は、まるで私が生み出したかのように共有されています。

全日本剣道選手権に立った初期の頃、私は「夢」の文字を書き続け、その実現に向けて努力しました。厳しい練習と挑戦を重ね、止まることなく努力を続けることが夢を叶える鍵だと学びました。決意した瞬間から、達成への確信を持つことが、私にとって重要です。

夢を具体的に想像することがあります。

自分がチャンピオンになる瞬間を想像し、その時の笑顔やインタビューの場面まで具体的に思い描くことがありました。そして、その瞬間が実際に訪れた時、私は思わず心の中で「あ、これだ！」と叫びました。まるで以前に見た夢や、想像していた場面が現実になったかのような感覚で、それは「あれ、これは見覚えがある」という奇妙な既視感を伴いました。

このような感覚は、新しいレストランで食事をしたり、未知の場所を訪れたりした時にも経験することがあります。それが夢で見たことなのか、単なる想像だったのかは、明確ではありませんが、いずれにしても、それは私にとって特別な瞬間となりました。

小さい頃からの夢、剣道での勝利を実現することが、「夢実現」という座右の銘の証でした。この夢を追い続けることで、人生に「あれ、ここは！」と思う瞬間が何度も訪れました。しかし、夢を追い求める道は容易ではありませんでした。厳しい選択や挫折も経験し、時には逃げ出したくなる瞬間もありましたが、剣道への情熱が私を支えました。

父の仕事への一途な姿勢から、「諦めない」精神を学び、親のサポートも大きな支えとなりました。

高校時代、札幌での生活は私にとって大きな挑戦でした。新しい環境と厳しい練習、孤独感との闘いがありました。怪我をした時は、剣道を続ける意志さえ失いかけましたが、父からの「故郷を離れた以上、覚悟を持ってすべてに挑め」という言葉が、私を奮い立たせました。

小さい頃から抱いていた夢が、剣道の勝利という形で実現し、座右の銘「夢実現」の真価を証明しました。この旅は容易ではありませんでしたが、困難を乗り越え、継続的に努力を重ねることで、夢は確実に現実になるのです。

試練の意味と支え合い

人生には意味があり、私たち一人一人が自己の存在に価値を見出すことができます。私は、神様が私たちに課す試練には、それを乗り越えるための力が備わっていると確信しています。試練は決して無駄ではなく、私たちの成長を促す重要な要素なのです。

つまり、試練を与えられること自体が、私たちがそれを克服する力を持っている証拠です。困難な時期もありますが、私たちはそれを乗り越えることができると信じています。

しかし、試練を一人で乗り越えるのは容易ではないため、互いに支え合い、助け合うことが重要です。支えてくれる人の存在は、試練を乗り越えるために必要不可欠な要素です。人との出会いは偶然ではなく必然であり、必要な人が私たちの前に現れます。

困難な時に「そうじゃない。これだよ」とアドバイスを与えることが、次の人への助言へとつながり、この連鎖が拡がれば、より多くの人が試練を乗り越える力を得るでしょう。

教育界でも同じ原則が適用されます。教育者は、給与や自己満足よりも、子どもたちの成長と幸福を最優先に考えるべきです。

子どもたちの個性を尊重し、自ら積極的に学び、成長できる環境を整えることが求められます。教育とは、単に情報を伝えるだけではなく、生徒たちが自己を認識し、成長するためのサポートであるべきです。

結局のところ、教育の目的は、生徒たちが自ら学び、成長し、自己実現を果たせるように導くことにあります。情報の単なる詰め込みではなく、深い理解と自己発見を促す教育こそが、将来の世代にとって真に必要なものです。

北海道の剣道界と後輩への指導

現在、恵庭南高校の剣道チームは北海道内でもトップ・スリーに位置しています。トップの座を守るのは、私の母校である東海大学札幌高校が中心です。この成功の裏には、私の後輩たちや監督がおり、彼らは中学生からの選手強化に尽力しています。

ライバル校の教師でありながら、私は大会会場で東海大学札幌高校の後輩たちへのアドバイスを惜しまず、先輩としての自覚と責任を持って支援しています。

また、母校の剣道チームが高いレベルを維持できるよう、監督への提案や注意にも力を入れ

ています

北海道の剣道界には、古川先生のように大きな影響を与えた方がいます。同様に東海大学札幌高校が北海道の剣道に変革をもたらし、その地位を向上させたと私は考えています。今後も、後輩たちの成長と活躍を見守り続けるつもりです。

恵庭の剣道では、少年選手の育成が著しく向上しています。熱心な指導のもと、時には私たちの道場を訪れて共に稽古をする先生方もいます。これにより、意識の向上が見られ、恵庭の一般の先生方が旭川の大会で優勝するなど、素晴らしい成果を収めています。

この取り組みは、小学生や中学生にも良い影響を与え、全道大会での優勝や準優勝者が増加しています。これらの選手の中には、道内の強豪校へ進学する者や、私が勤める恵庭南高校へ入学する者もいます。そのため私は、これからも頑張って指導していく覚悟です。

実績を積むことは成功への近道ですが、実績のない生徒も多く入学してきます。これらの生徒が、試合で対戦相手と対等に闘い、挑む姿には、特別な感慨を覚えます。実績のない生徒がトップレベルの選手と互角に闘えるまでに成長する様子は、教員としての大きな誇りです。

剣道の基本と異文化

海外で剣道を指導する際には、言葉を超えて基本が伝わることがありますが、英語が話せることが理想です。通訳を介するとコミュニケーションに時間がかかるため、直接話せる能力を身につけることが望ましいと考えています。

にもかかわらず、剣道の基本の重要性は国境を越えます。ＹｏｕＴｕｂｅなどのデジタルプラットフォームを通じて学ぶ生徒も多くいますが、時には「勝つためだけの剣道」を最優先とする誤った情報が拡散されることもあります。しかし、基本の正しい理解と習得が、多様な技術を身につける土台となります。基本を軽視すると、練習が偏り、バランスの取れた剣道を行うことが難しくなります。

剣道では、迷いや困難が生じた時、基本に立ち返ることができる「場所」の存在が重要です。その場所を提供することが私の指導の一環です。

剣道の基本は、家庭教育と同じく、困難に直面した際の強固な基盤となります。安定した家庭環境が子どもたちに明確な進路を示すように、剣道の基本もまた、私たちが正しく学び、教えるべき不変の価値を持ちます。

この考え方は外国人にも伝わります。言葉だけでなく、自分の実演を通じて剣道の魅力を伝えます。汗をかきながら、情熱を持って指導し、ジェスチャーや身体言語を駆使して、相手に剣道の醍醐味を伝えます。

世界中の人々が学ぼうとする気持ちを、日本人が学ばなければいけないと思います。私たち日本人も異文化を尊重し、自国の文化を大切にすることで応えるべきです。

平和構築のためには、紛争や戦争を避け、異なる文化や価値観を認め合い、共に努力することが不可欠です。

世界選手権と指導者としての役割

私自身は世界選手権に出場したことはありませんが、私の弟、直輝がこの大舞台で世界チャンピオンの栄誉を手にしました。その輝かしい成果はＮＨＫの特別番組、『ただ一撃にかける』で取り上げられ、ＹｏｕＴｕｂｅでも公開されています。競技者として多くの困難に立ち向かった弟の姿は、多くの人々に感動を与えました。

私にも世界選手権への出場のチャンスが訪れましたが、残念ながら選考からはずれました。中倉旗として知られる全日本選手権で優勝した年のことです。当時は教師としての職務もあり、合宿への参加が遅れることが多く、この点に関しては厳しい意見を受けることもありました。剣道を愛する教員として、仕事とのバランスを取ることは難しい課題でした。

海外の剣道界では、特に韓国が強豪として名高く、一度は世界大会で優勝の栄光を手にしています。日本はその時、アメリカに準決勝で敗退しましたが、日本以外の国々の剣道への真剣な取り組みは、この競技の国際的な発展を物語っています。

剣道には禅や他の哲学的要素が含まれており、国によっては異なる考え方やルールが存在します。

私は、剣道が一貫したルールと規則の下で実践されるべきだと信じ、この考えを世界中の剣道指導者たちに伝える役割を担っています。

海外での講習会への招待が増えており、世界チャンピオンにはなれなかったものの、指導者としての実績が認められていることに感謝しています。

世界選手権は四年に一度のイベントで、代表選手の選出プロセスは非常に厳格です。激しい試合と訓練を経て、強化指定選手は剣道に専念していきます。教員出身の選手もいますが、大半は警察官です。やはり毎日継続して稽古に励んでいる人は確実に力をつけていきます。仕事の一貫として稽古しているのですから当然の結果です。

剣道団体と指導者の役割

北海道には数多くの小規模な剣道団体が存在し、それぞれが独自に少年団や錬成会を運営しています。これらの団体は、剣道指導者を中心に組織されており、地域の体育館で統一された練習を行うということもあるようです。

剣道指導者は、自らの道場での日常的な指導に加えて、技術と知識の向上を目指して指導者向けの講習会や研修会に積極的に参加しています。これらの活動は、指導法の改善や剣道技術の向上に不可欠であると同時に、指導者自身の成長にもつながります。

しかし、すべての指導者がこのような活動に積極的に取り組んでいるわけではありません。中には、昇段試験を控えているなど、個人的な利益を目的として講習会に参加し、試験終了後はその参加を控える指導者もいます。

指導者には、生徒たちに対して常に模範を示し、努力する姿勢を生徒たちに伝えることが望まれます。

指導者の成長と知識を身に付けることは剣道の発展に欠かせない要素であり、この分野でのさらなる協力と協調が求められています。

継続とモチベーション

剣道をなぜ続けるか？　その理由とモチベーションについて考えると、その背景は時に複雑であると感じます。

私は、剣道を単なる行為としてではなく、団体の目標や使命の一環として捉えることが重要だと考えています。この団体はチームである場合もありますし、会社である場合もあります。しかし、個人としても、その目標に貢献し、日々の活動に精進することが大切です。

その日の目標設定を明確にし、それを達成するためのステップを計画することは、モチベーションを高める手段の一つです。しかし、ただ「やるぞ！」「みんなでがんばろう！」といった具体性のない目標設定は、モチベーションを維持するには不十分です。

優勝するために、「今日はこの技を練習する」といった達成可能な小さな目標を設定し、その達成感を得ることがモチベーションアップにつながります。

私はこの考えを生徒たちに伝え、彼らが毎日、自分自身に課題を見つけ、それを達成するように奨励しています。そして、達成した際には褒めることを大切にしています。時には厳しい言葉も必要ですが、褒めることが人を動かす最も効果的な方法であると信じています。

特に、現代の子どもたちは、厳しい言葉に慣れていない傾向があります。そのため、褒めて励まし、ポジティブなアプローチを取ることが、彼らの成長とモチベーション向上に寄与します。

心がスポンジのように吸収しやすい状態にある時に、改善点を指摘すると、とても効果的です。例えば、整理整頓や美化の意識が低い人に、「最近、挨拶が素晴らしいですね。君の笑顔で私も毎日元気をもらっています。あと、そうですね、掃除への意識も少し向けてはどうでしょう？　さらに人間的に輝くと思いますよ」と伝えることで、さらなる努力を促すことになります。これが、私がこれからの時代、特に重要だと考えるアプローチです。

柔軟さと思いやり

いじめの問題は依然として存在し、社会全体や教育界ではその解決に向けて取り組みが進められています。しかし、問題解決の過程で、時には厳しい言葉や批判を避けるあまり、問題を軽視する傾向が見られます。その結果として、自己激励の言葉である「何くそ」という言葉の使用が減少しつつあると感じています。これは社会全体が困難に立ち向かうよりも、安全や健康への配慮を重視する傾向にあるためかもしれません。

特に新型コロナパンデミックの現状では、私たちはさらに慎重に行動しています。以前は、体調が少しでも悪い場合、他者を危険にさらさないために休むことが推奨されています。以前は、熱が三八度や三九度あっても「稽古を続ければ治る」と言われたものです。しかし、今では三七度ちょっとあるだけでも「早く休むべきだ」という意見が一般的になり、健康への配慮が以前よりも強調されるようになりました。

かつて私は、「社会に出れば、私、熱がありますので休みますは、通用しないよ」と言っていましたが、それが通用する時代になったのです。昔は、その考え方が受け入れられることを前提に行動しなければならないと思っていましたが、それは誤りでした。

このように、かつては微熱があっても「稽古を続ければ治るだろう」と考えられていたことが、今では「早く休むべきだ」という考えに変わりました。もちろん、このような変化は、感染拡大を抑えるために重要な対策であり、今の社会では避けられない現実です。

このような状況下で、私たちが持つべきは、互いへの思いやりと柔軟な姿勢です。子どもを休ませる判断をしながら、「学習が遅れないように」と教育現場に圧力をかけるのは、矛盾しています。

最近、オンライン授業が登場し、自宅からの学習が可能になりましたが、これに頼り切ると、コミュニケーション能力の育成がおろそかになる恐れがあります。直接的な対話の重要性を忘れてはなりません。

現代社会では、矛盾した考え方を持つ親や子どもが増え、教育者にとっては大きな課題です。これは教育者側にも言えることですが、生徒一人ひとりの多様な問題や悩みにどう対応し、支援するかは、教育者の重要な責務です。

教育現場では、親、子ども、学校、そして地域が協力し、子どもの成長を支援する方法を真剣に考える必要があります。

自分や自分の子ども、学校の利益だけでなく、相手の立場を考慮し、共に成長できる環境を作ることが重要です。このような取り組みを通じて、教育界は貴重な経験を積み、将来の教育に活かすことができます。

悩みや苦しみを抱える生徒を支援し、さらに彼らが次のステップに進めるよう気づきの教育を心がけることが、私たち教育者の使命であると信じています。

剣道から学んだ価値観と人生の教訓

間違った道を選び勝利のみを追求する人や名誉に執着する人、そして社会的地位を得た瞬間に性格が変わる人々がいます。

剣道の世界においても、「剣道は素晴らしい」と賞賛されるものの、「こんな人もいる」と感じさせる、性格に問題のある人も存在します。しかし、この多様性が、剣道から学べる貴重な教訓の一つです。

私たちは、互いに協力し、摩擦を経験して成長することの価値を理解することが求められます。自分一人では世界と向き合うことが難しいと認識し、共に前進し、困難に立ち向かう姿勢を持ちたいものです。

剣道は、個人の成長だけでなく、仲間との連帯感や共感を築く場でもあります。生きていく上で、他者との協力や励まし合い、異なる意見との摩擦を通じて成長することが不可欠です。自己中心的な考え方では、社会への貢献は難しく、途中でさまざまな困難に直面するでしょう。結果を残せなかった人々の中にも、素晴らしい変化を遂げた人がいます。彼らと向き合い、成功への道を示す手助けをし、過程での失敗を公にし、他の人に示唆を与えたいと思います。失敗から学び、それを成功へのステップとして成長の機会を得るのです。

剣道に限らず、これらの価値観は他の多くの分野にも適用可能です。剣道を通じて得た価値観と経験を他の領域で活かし、共有したいと願っています。

「お前な、そのうち分かるから」

昔なら、誰かが言ってくれたかもしれないこの言葉が思い浮かびます。

出会いの大切さを感じる瞬間が訪れることで、真の幸せな出会いを引き寄せる鍵となります。

心から頑張りたいと思う今、剣道から学んだ価値観を生活の中で活かし続けたいと思っています。

交剣知愛

人生と剣道は密接に関連しています。実践を通じ、剣道は人生を模倣し、私たちに普遍的な原則を教えます。剣道から学ぶことは、人間社会全体に適用可能です。

剣道の魅力の一つは、剣を交えながら愛を理解する「交剣知愛」という教えにあります。

これは、競争の中で相手を理解し、共感することの大切さを示しており、剣道を通じて、相手を尊重し、協力し、助け合うことの重要さを学びます。

「交剣知愛」の概念は、人生のあらゆる側面に適用できます。

講演などを通じて、私はこの概念を剣道以外のシーンにも応用することをよく提案します。異なる視点を持つ人々との接触は、摩擦や問題を生じさせることがありますが、これを通じて人間関係を築き、幸せを追求できます。

剣道では、竹刀を使って相手との距離を調整する技術が重要です。

人間関係においても、適切な距離感を保ちながら関係を築くことが大切です。楽しい時には交流を深め、困難な時には適切な距離を保つことが、対人関係の成功につながります。

剣道は、相手の動きや間合いを理解し、それに応じて行動する技術を教えてくれます。これらのスキルは、人生においても役立ちます。

適切な距離感を保つことが、人間関係において喜びを共有したり、問題を回避したりする上で必要です。時には積極的に距離を縮めてぶつかり合うことも、成長につながります。

剣道の指導では、相手の動きや間合いを的確に把握し、適切に距離を調整することを教えられます。これは相手との関係を築く上で非常に重要なスキルです。

私の剣道人生は、三歳から始まり今日に至るまでの長い旅でした。多くの挑戦と決断があり、それぞれの経験が私を成長させ、今の自分を形成しました。

私の旅は、まだ続いています。

進化する剣道

昔、剣道の特徴は「痛い」「臭い」とされていました。防具の洗濯が難しく、その臭いは剣道愛好者たちにとって大きな問題でした。しかし、技術の進歩により、安価で丈夫な、しかも洗濯までできる剣道具が市場に多く出回るようになりました。

これらの新たな剣道具は現役のトップ選手たちが積極的に使用することで、その有用性が証明され、一般の愛好者にも広まりました。この流れにより、剣道がより安全で清潔なスポーツに進化しました。

学校での剣道授業は、地域や学校によっては柔道と剣道の選択が異なることがありますが、礼法やマナーを重視し、生徒たちの精神的成長を促しています。

競技の楽しさだけでなく、礼法を教えることは、道徳教育の一環として誠実さと礼儀を伝える重要な機会です。

現在は、新型コロナウイルスの影響で剣道具の共有が制限されています。そのため、剣道具なしでの竹刀練習や、自作の代替品での練習が一般的になっています。例えば、新聞紙を使って素振りをする、スポンジで足さばきを練習する、洗面器と新聞紙の棒を使って「叩いて、かぶって、ジャンケンポン」というゲームを、礼法を取り入れて行うなど、剣道の実践方法には多様なバリエーションがあります。

高額な装備や道具が必須ではないことを示し、剣道がお金をかけずに楽しめること、そしてその過程で得られる価値ある教訓を、教育委員会などに伝えています。

剣道を通じて学ぶ人生と精神の教訓

剣道に興味を持ち始めた若い世代、剣道愛好者、そして志願者に向けて、以下のアドバイスを伝えたいと思います。

剣道に取り組む若者たちへ：勝利や成績に執着するのではなく、剣道を通じて正しい道を学び、基本を徹底的に習得することの重要性を理解してください。昇段やランクアップは一時的な成果に過ぎません。真の価値は、正しい実践にあります。剣道は、正しく真剣に学ぶことで、その精神と技術が身につき、剣道の本質を理解することができます。

一般の方々や剣道を始めたいと考えている方々へ：剣道は、日本の伝統文化の一部であり、人間としての在り方を学び、発展させる素晴らしい方法です。剣道を通じて、自己認識や誇りを築き、過去の経験や成績、良い点や悪い点を受け入れることで、自信を持って人生を歩むことができます。

剣道は、単なる競技を超えたものであり、生き方や精神面で多くの教訓を提供します。その真価を理解し、深く学び続けることが重要です。

私の人生を振り返ると、困難も喜びも経験しましたが、これらすべてが私を成長させ、今の自分を形作っています。

これが私からのメッセージです。

しかし、最も伝えたいことは、これらの教訓が剣道に限らず、皆さんの人生にも当てはまるということです。良いことも悪いことも、どう選択するかは自分次第です。

すべての人には無限の可能性があり、幸せになるチャンスがあることを忘れないでください。

人生を竹の節から学ぶ

私たちの生活において避けられないのは、困難や挑戦に直面することです。これらはしばしば壁として立ちはだかり、乗り越えるのは難しい障害のように感じられます。しかし、これらの試練をどのように捉え、乗り越えるかが、私たちの成長において重要な鍵です。

竹の節を例にすると、竹は節を超えるたびにより強く、しなやかに成長します。この特性は、人生の困難や挑戦が、実は成長の機会であることを象徴しています。

教育や剣道の指導では、この竹の節の比喩をしばしば用います。

竹は節ごとに成長し、天に向かって強くしなやかに伸びる特性を持っています。この自然の法則は、剣道や人生の修行にも適用されます。

学びの過程で遭遇する苦難や挑戦は、自己の限界に直面する瞬間として、竹の節に例えられます。これらは障害ではなく、成長するための必要な過程、新たな節へ進むための機会と捉えるべきです。

剣道を学ぶ者にとって、竹刀は単なる道具ではなく、竹の精神を体現するものであり、使い手にとって精神的成長と技術的向上の象徴です。

竹刀を握る手は、強さだけではなく、竹のようなしなやかさと強さを兼ね備え、内面の成長を目指すべきです。

苦しい時期や自己の壁に直面した時は、竹の節に立ち止まっているかのようです。しかし、そこから一歩踏み出す勇気を持つことで、さらに美しく、強く、しなやかな自己へと成長できます。

この考え方は剣道だけでなく、仕事や人間関係など、人生のあらゆる面で適用でき、困難を乗り越え、新たな目標へと進む力になります。その結果竹の節を乗り越えるごとに、私たちは剣道における技術の向上だけでなく、人生のあらゆる困難に対処し、新たな段階へと進む力を得ることができます。

このように竹の節からは、剣道の指導を超えた、人生における大切な教訓を学ぶことができるのです。

願いは人類の平和と繁栄

八段に昇段し、その合格の喜びを味わった後も、私の剣道の深化に向けた旅は続いています。この過程で、私の考え方やアプローチは多くの進化を遂げ、剣道という芸術の真の楽しみを味わうようになりました。

八段という段位は誇りであり、同時に新たな出発点です。基本を大切にしながら、さまざまな分野で学び、成長の機会を探求してきました。この探求は非常に楽しく、剣道がもたらす喜びや学びはこれまで以上に大きくなりました。これからも、剣道との新しい関係を楽しみながら続けていくつもりです。

私の剣道人生の目標は、個人の小さな目標を超え、『人類平和繁栄。人々の笑顔と幸のために』

を目指すことです。

剣道は個人の修行の一環であり、それぞれが異なる目標を持つ段階に過ぎません。この過程で、競技的な成功や昇段、競技選手としての道を理解し、クリアしていくことが必要です。

私は、すべての人が笑顔で幸福に暮らすことを最終目標としています。剣道を通じてこの目標を広め、剣道を実践していない人々にも、剣道から学んだ知識や経験を伝えたいと考えています。

難しい概念を分かりやすく伝え、剣道の知恵を広めるために、情熱を持ってさまざまな場所で伝えていきたいと思っています。

「剣道を通じて、笑顔と幸福を実現する道を示す人々が、剣道のコミュニティから生まれることを願う」。これこそが真の剣の道であり、私は、この使命を果たすために精進し続けるつもりです。

あとがき

還暦を迎え、自分の今日までの歩みを振り返ってみたいと思い、今回本の出版を決意しました。私が本？　そんな思いもありましたが、実は多くの方々から「先生本書いてくださいよ！」と声をかけていただいたのです。そんな後押しもあって…。そして今、私は退職を目の前にしています。退職年齢が引き上げられてきておりますが、私の年代は六十二歳まで。でも私は一年早く早期退職を決めています。それは、次の新たな人生ステージをどういうものにしたいのかが明確なものになったからなのです。私の剣道人生は三歳からのスタートで五十七年間。教職員生活は三十八年間。今日まで多くの人たちと出会い、交流を持つことができました。まさに剣道の世界で言われる「交剣知愛」です。その方々に感謝の気持を込めて人生最後の抜刀、鯉口を切る決断をしたのです。鯉口を切り、刀を抜くということはそれなりの覚悟を持っているということです。安易に刀を抜くことはできません。

私の人生は剣道人生といっても過言ではありません。先ほども述べましたが三歳から今日まで続けてきたのですから。趣味程度のものではありません。人生のすべてを捧げてきています。それだけ価値あるものとして私を育ててくれました。もちろん、楽しい事ばかりあったわけではありません。むしろ苦しく、辛いことのほうが多くありました。でも、それだからこそ真の喜びや楽しさ、幸せを感じることができたのだと思います。剣道は「礼に始まり礼に終わる」と言われます。これは剣道の世界だけではなく、全てに必要なことです。私は、剣道技術をしっかりと基本に忠実に教わり、学び、習得してきました。これは全て「礼に始まり礼に終わる」という心の修行に結びつくものでありました。決して試合に勝ちチャンピオンになること、高段位を取得することが目的ではなく、これらはほんの小さな目標に過ぎません。その形をしっかりと正しく身につけることで心が育つということなのです。そのことがやっと今わかってきました。このことは教職員生活においても同じことが言えるのです。先生間のトラブル、生徒とのトラブル、保護者とのトラブル。たくさん乗り越えてきました。それが何故できたのか。それは生徒たちの幸せを一番に考える事ができたからだと思っています。そこに私自身の真の学びがあったと思います。「教育」ではなく生徒共に育む「共育」の精神です。誰を幸せにしたいのか。このことを常に考えることが大切ではないでしょうか。私は、今日まで教職員生活と剣道で学び得たことを次の人生において活かしていきます。それが教員として、剣道人としてやってきてよかったと本当に思えるときだと確信しています。人類平和繁栄に寄与するために。

最後になってしまったのですが、実はここまで話してきたことができたのは、そう思えることができるようになったのは、すべて両親のおかげです。私の両親に心から感謝申し上げます。

「お父さん！　お母さん！　ありがとう！」

主な戦歴

小・中時代

一九七五（昭和五〇）年八月 ―― 小学五年生
▼第二四回全道青少年剣道錬成大会兼
　第一七回赤胴少年剣道錬成大会
　　個人優勝・団体優勝

一九七六（昭和五一）年八月 ―― 小学六年生
▼第二五回全道青少年剣道錬成大会兼
　第一八回赤胴少年剣道錬成大会
　　個人優勝・団体優勝

一九七七（昭和五二）年七月 ―― 中学一年生
▼第二七回全道青少年剣道錬成大会兼
　第一九回赤胴少年剣道錬成大会
　　中学団体3位

東海大四高時代

一九八〇（昭和五五）年九月 ―― 高校一年生
▼全道段別剣道選手権大会
　　初段の部優勝

一九八一（昭和五六）年六月 ―― 高校二年生
▼全道高体連剣道選手権大会
　　団体準優勝・個人準優勝

一九八一（昭和五六）年七月 ―― 高校二年生
▼全国玉竜旗剣道大会（福岡県）
　　団体3位

一九八一（昭和五六）年八月 ―― 高校二年生
▼全国高体連剣道選手権大会（山梨県）
　　個人ベスト16

一九八一（昭和五六）年一〇月 ― 高校二年生
▼国民体育大会剣道競技（滋賀県）
　　出場

一九八二（昭和五七）年六月——高校三年生
▼全道高体連剣道選手権大会　団体初優勝

一九八二（昭和五七）年八月——高校三年生
▼全国高体連剣道選手権大会（鹿児島県）　団体ベスト8

一九八二（昭和五七）年九月——高校三年生
▼全道段別剣道選手権大会　二段の部優勝

一九八二（昭和五七）年一〇月——高校三年生
▼国民体育大会剣道競技（鳥取県）　団体3位

東海大学時代

一九八三（昭和五八）年一〇月——大学一年
▼第三一回全日本学生剣道優勝大会　団体3位　大将

一九八四（昭和五九）年五月——大学二年
▼第三〇回関東学生剣道選手権大会　個人3位

一九八六（昭和六一）年——大学四年
▼第三三回関東学生剣道優勝大会　団体一回戦敗退

東海大学事務職員時代

一九八六（昭和六一）年四月——二二歳
▼全道段別剣道選手権大会　四段の部優勝

一九八七（昭和六二）年七月——二三歳
▼東北・北海道対抗剣道大会　個人優勝

一九八七（昭和六二）年——二三歳
▼全道教職員剣道大会　団体・個人優勝

一九八七（昭和六二）年八月——二三歳
▼全国教職員剣道大会（北海道）　団体準優勝

一九八八（昭和六三）年四月——二三歳
▼全道段別剣道選手権大会　五段の部優勝

一九八八（昭和六三）年七月 ―― 二三歳
▼東北・北海道対抗剣道大会
個人四人抜き優秀選手

一九八八（昭和六三）年七月 ―― 二三歳
▼全道教職員剣道大会
団体優勝

一九八八（昭和六三）年八月 ―― 二四歳
▼全国教職員剣道大会
団体優勝

一九八九（平成元）年四月 ―― 二四歳
▼全道段別剣道選手権大会
五段の部3位

一九八九（平成元）年七月 ―― 二四歳
▼東北・北海道対抗剣道大会
個人優勝

一九八九（平成元）年 ―― 二五歳
▼全日本選手権予選
2位

一九八九（平成元）年一一月 ―― 二五歳
▼全日本剣道選手権大会
初出場・一回戦敗退

一九九〇（平成二）年八月 ―― 二六歳
▼全道段別剣道選手権大会
五段の部優勝

一九九〇（平成二）年一一月 ―― 二六歳
▼全日本剣道選手権大会
準優勝

一九九〇（平成二）年一二月 ―― 二六歳
▼全日本中倉旗（総理大臣杯）争奪剣道選手権大会
優勝

創成高校教員時代

一九九一（平成三）年七月 ―― 二六歳
▼東北・北海道対抗剣道大会
個人3位

一九九一（平成三）年一一月 ―― 二七歳
▼全国剣道連盟対抗剣道優勝大会
優勝

恵庭南校教員時代

二〇〇三（平成一五）年九月――三九歳
▼全日本東西対抗剣道優勝大会　出場

二〇〇五（平成一七）年九月――四一歳
▼全日本東西対抗剣道優勝大会　出場

二〇〇七（平成一九）年九月――四三歳
▼全日本東西対抗剣道優勝大会　出場

二〇一〇（平成二二）年五月――四五歳
▼剣道八段審査　合格

二〇一〇（平成一九）年九月――四六歳
▼全日本東西対抗剣道優勝大会　出場

二〇一四（平成二六）年九月――五〇歳
▼全日本東西対抗剣道優勝大会　出場

二〇一七（平成二九）年四月――五二歳
▼第一六回全日本選抜剣道八段
　初出場・優勝大会

二〇二一（令和三）年四月――五六歳
▼第一九回全日本選抜剣道八段優勝大会　優勝

二〇二一（令和三）年九月――五七歳
▼全日本東西対抗剣道優勝大会　出場

二〇二二（令和四）年四月――五七歳
▼第二〇回全日本選抜剣道八段優勝大会　ベスト8

二〇二三（令和五）年四月――五八歳
▼第二一回全日本選抜剣道八段優勝大会　3位

二〇二三（令和五）年九月――五九歳
▼全日本東西対抗剣道優勝大会　出場

二〇二四（令和六）年四月――五九歳
▼第二二回全日本選抜剣道八段優勝大会
　一回戦敗退

著者紹介

栄花　英幸（えいが・ひでゆき）

1964年北海道虻田郡喜茂別町生まれ。

東海大学第四高等学校（現 東海大学付属札幌高等学校）卒、東海大学卒。

東海大学札幌校舎事務部事務課（1987.4～1991.3）
札幌創成高等学校（1991.4～2001.3）
北海道恵庭南高等学校（2001.4～現在）

〔現在〕
公益財団法人 全日本剣道連盟指導育成委員会
指導者育成本部委員
一般財団法人 北海道剣道連盟　常任理事、
普及委員長

栄花の道 －私の剣道人生－

発　行	2024年７月30日　初版第１刷
著　者	栄花英幸
発行者	林下英二
発行所	中西出版株式会社 〒007-0823 札幌市東区東雁来3条1丁目1-34 TEL 011-785-0737　FAX 011-781-7516
印刷所	中西印刷株式会社
製本所	石田製本株式会社

落丁・乱丁本はお取り替えいたします。

ISBN978-4-89115-435-6